EXIMIUS
UNO

Manfred Hausmann

Im Spiegel der Erinnerung

Neukirchener Verlag

© 1974 – 2. Auflage 1975 – 11.–20. Tsd.
Neukirchener Verlag des Erziehungsvereins GmbH
Neukirchen-Vluyn
Umschlaggestaltung: Kurt Wolff, Düsseldorf
Gesamtherstellung: Breklumer Druckerei Manfred Siegel
Printed in Germany – ISBN 3-7887-0430-6

Inhalt

Der Verleger

Nicht lange nach meiner Ordination zum Ältestenprediger hielt ich am Anfang des Jahres 1967 in der neuen Kirche der evangelisch-reformierten Gemeinde zu Hamburg-Altona, an der unser jüngster Sohn, der »berühmte« Martin als Pastor wirkte, den Gottesdienst. Als Predigttext hatte ich die Geschichte von der Verzweiflung des Propheten Elia an Israel, an sich selbst und an Gott gewählt, wie sie im ersten Buch von den Königen erzählt wird. Ich ahnte nicht, daß an diesem Tag unter den Predigthörern ein Mann saß, der in meinem Leben noch eine bedeutsame Rolle spielen sollte: Werner Braselmann, der Leiter des Neukirchener Verlags in Neukirchen-Vluyn. Er hatte mit seinem Autor, dem Hamburger Theologieprofessor Hans-Joachim Kraus, verhandelt, der zur Altonaer reformierten Gemeinde gehörte, und nahm mit ihm am Gottesdienst teil. Sicher hat unser Sohn mich, als wir uns gemeinsam von den Gottesdienstbesuchern an der Kirchentür verabschiedeten, nicht nur mit Professor Kraus, sondern auch mit Werner Braselmann bekannt gemacht. Erinnern kann ich mich allerdings nicht mehr daran. Ein Gottesdienst beansprucht mich jedesmal bis zur Erschöpfung. Um so deutlicher ist mir jedoch der erste Brief gegenwärtig, den Werner Braselmann mir wenige Tage danach geschrieben hat. Er bezog sich darin auf die Elia-Predigt, die Professor Kraus und ihn gleicher-

maßen beeindruckt habe, und schlug mir vor, ich
solle in seinem Verlag einen Band mit Predigten
herausgeben. Ich hatte zwar etwas Derartiges mit
keinem Gedanken in Erwägung gezogen, sagte mir
aber auf diesen Brief hin: warum eigentlich nicht?
Und so erschien denn im Herbst folgenden Jahres
das Buch: »Wort vom Wort«.
Als ich den Namen Braselmann schwarz auf weiß
vor mir sah, fiel mir ein, daß ich den Mann ja längst
kannte. Er hatte mit drei andern jungen Leuten, mit
Johannes Rau, dem späteren Wissenschaftsmini-
ster von Nordrhein-Westfalen, Siegfried Hajek, der,
als er Oberstudiendirektor geworden war, eine mir
nahegehende Deutung meines Werkes verfaßt hatte, und mit Wilhelm Holtmann, der dann als Pfarrer
im Hunsrück Lehrbeauftragter an der Trierer Päd-
agogischen Hochschule wurde, zum Redaktions-
stab der »Jungenwacht« gehört, einer lebendigen,
vielseitigen und vorstößerischen Schülerzeit-
schrift, die von 1948 bis 55 in Wuppertal erschienen
war. Auch ich hatte dort einige Beiträge veröffentlicht und mich manchmal gefragt, was es mit diesen Redakteuren wohl auf sich haben mochte, die
überall im Lande Autoren ihrer Gesinnung und ihres Schlages aufzuspüren und zur Mitarbeit anzure-
gen wußten. Siegfried Hajek und Johannes Rau hatte ich inzwischen kennengelernt, Wilhelm Holtmann und Werner Braselmann noch nicht. Es wun-

derte mich nicht, daß Braselmann es gleichfalls zu etwas Besonderem gebracht hatte. Und es war ja etwas Besonderes, einen der angesehensten theologischen Verlage Deutschlands zu leiten.

Auf den ersten Predigtband folgten, da er von der Leserschaft und der Presse gut aufgenommen wurde, in kurzen Abständen zwei weitere: »Gottes Ja« und »Das abgründige Geheimnis«. Die vorbereitenden Gespräche zu diesen und den weit über den theologischen Bereich hinausgehenden Essay- und Erzählungsbänden, die der Neukirchener Verlag danach in seine Obhut nahm, vertieften nicht nur unsere geschäftlichen, sondern mehr noch unsere menschlichen Beziehungen. Ich freute mich auf jede neue Begegnung mit Werner Braselmann. Und das um so mehr, als er mir bei solchen Gelegenheiten mit hintergründig-verschmitztem Lächeln einen oder sogar mehrere Vorschläge zu unterbreiten pflegte, auf die ich, ohne es zu wissen, gewartet hatte. Nur jemand, der über die Gabe verfügt, seinen Autor besser zu kennen, als er sich selbst kennt, ist ein Verleger im schönsten Sinne des Wortes. Dabei mußte ich außerdem Braselmanns nüchternes Gespür für vielversprechende Marktlücken bewundern. Die sprungartig ansteigenden Auflageziffern der Schriften, die nach solchen Gesprächen an den Tag traten, bewiesen, daß er wieder einmal das Richtige getroffen hatte. Das anregende, aufregen-

de und fruchtbare Hin und Her zwischen Verleger
und Autor, zwischen Autor und Verleger, das ich
seit den Tagen des alten Herrn Fischer, Gottfried
Bermann-Fischers und Peter Suhrkamps nicht
mehr gekannt und auch nicht mehr für möglich gehalten hatte, beglückte und beglückt mich unge-
mein.

Bezeichnend für Braselmanns schnelles Begreifen
und Ergreifen des Augenblicks ist das Zustande-
kommen des Buches »Kleine Begegnungen mit großen Leuten«. In einem Gespräch, das sich um ganz
andere Dinge drehte, hatte ich beiläufig erwähnt,
daß ich in der Stadtbücherei des Bremer Vorortes,
in dem ich wohne, auf Anraten des Leiters anhand
von ein paar Stichwörtern über solche Begegnungen gesprochen und diesen Vortrag, wenn man die
Improvisation so nennen wolle, in Hamburg und
Berlin wiederholt hatte. Die Bemerkung sollte nur
darauf hinweisen, daß eine frei gesprochene Steg-
reifdarbietung sehr viel wirkungsvoller sei als eine
Lesung. Aber Braselmann erkannte sofort, was für
eine Aussicht sich da eröffnete. Er nahm seine Pfei-
fe aus dem Mund, schmunzelte vor sich hin und erklärte aufblickend: »Daraus machen wir ein Buch.
Und zwar zu Ihrem fünfundsiebzigsten Geburtstag.
Vorausgesetzt, daß Sie mir das Manuskript bis Mitte Mai geben können.« Ich war einverstanden, verschwieg ihm aber nicht, daß ich erhebliche und

nicht unbegründete Zweifel hätte, ob sich der Aufwand diesmal lohnen werde. Als dann der vereinbarte Termin herannahte, hatte ich erst die Hälfte der Begegnungen geschildert, an denen mir gelegen war. »Schadet nichts«, meinte Braselmann, »dann erscheint zu Ihrem Geburtstag eben nur diese erste Hälfte. Aus der andern machen wir im nächsten Jahr einen zweiten Band.« Aber dann erwachte doch der Kaufmann in ihm, und er fügte hinzu: »Vorausgesetzt, daß der erste ein Erfolg wird.« Auf diese Weise ist der vorliegende zweite Band zustande gekommen.

Artur Kutscher

Die regennasse Zeltbahn, die als Lichtschleuse vor dem Einschußloch in der Wand eines französischen Bauernhauses hing, wischte, als ich auf einer Bahre hindurchgeschoben wurde, kühl über mein Gesicht. Ich landete unmittelbar dahinter auf einem Brett, das als Operationstisch diente. Zum Glück war der Karbidgeruch der Fahrradlampe, bei deren Licht der Arzt sein grausiges Handwerk betrieb, stärker als der Gestank von Blut, Eiter und Angstschweiß, der dick in der Stube stand. Während der Arzt mit schnellen Bewegungen meine Wunde versorgte – ein Granatsplitter hatte meine linken Fußwurzelknochen durchschlagen –, fragte er mich, was ich von Beruf sei. Mit der stolzen Ahnungslosigkeit der Jugend antwortete ich: »Philosoph.« Denn ich hatte mich vor zwei Jahren nach dem beiläufig bestandenen Notabitur schnell noch, ehe ich mich auf dem Kasernenhof betätigte, bei der philosophischen Fakultät der Göttinger Georgia Augusta einschreiben lassen. »Dann ist es ja weiter nicht schlimm«, tröstete er mich, »daß Ihr Fuß steif bleiben wird. – Jod her, Mikeleit!« Mit einem Male lehnte er sich an die Wand und brach zu meiner Verblüffung in ein krampfhaftes, hysterisches Gelächter aus, in dem sich die ganze Verzweiflung über seine Hilflosigkeit all den verstümmelten Körpern gegenüber, die ganze Übermüdetheit und der ganze Jammer der Stunde Luft machte. Er war mit Leib und Seele am Ende. Und da hatte das lächerliche Wort »Philosoph«, das sich im Munde eines verdreckten, verlausten und blutbeschmierten Neunzehnjährigen und in einer solchen Umgebung doppelt lächerlich ausnahm, genügt, um ihn die Fassung verlieren zu lassen. Mit hustender und sich überschlagender Stimme stieß er hervor »Philosoph! Philosoph! Der Knabe ist ein Philosoph! Haben Sie das gehört, Mikeleit? Haha . . . höche höche . . . Philosoph!« Ich verstand nicht, was es hier zu lachen gab, und dachte allen Ernstes, er sei verrückt geworden. Aber so unerwartet, wie das Gelächter begonnen hatte, brach es auch wieder ab. »Schneiden Sie mal das Hosenbein auf!« Er schiente mein Bein bis zum Knie, was ich übertrieben fand, und Mikeleit befestigte ein Schild an meinem Rock, das mich für transportfähig erklärte. »Hat er schon Tetanus? – Geben Sie ihm!« Dann wurde ich hinausbefördert. »Der Nächste!«

An diese Szene mußte ich des öfteren denken, als ich ein halbes Jahr später am Anfang des Jahres 1919 während eines sogenannten Zwischensemesters, das die Universität für verwundete Soldaten eingerichtet hatte, eine Vorlesung über Kant und Plato hörte. Wie fast alle Anfänger hatte auch ich zu viele und zu anspruchsvolle Vorlesungen belegt. Die Folge davon war, daß ich so gut wie nichts verstand. Zuerst hatte ich versucht, mitzuschreiben,

war aber bald davon abgekommen, weil das Hinge-
kritzelte sich, wenn ich es zu Hause überlas, wie
ein völliger Unsinn ausnahm. Zwei Jahre Schüt-
zengrabenkrieg mit Trommelfeuer, Gas- und Flam-
menwerferangriffen und der Aufenthalt in der Hölle eines Reservelazaretts waren nicht dazu angetan
gewesen, meinen Geist zu schärfen. Ich verließ jede
Vorlesung, und nicht nur die philosophischen, in
tiefer Niedergeschlagenheit. Von Tag zu Tag oder,
besser gesagt, von schlafloser Nacht zu schlafloser
Nacht festigte sich in mir die Überzeugung, daß
meine Begabung für ein wissenschaftliches Arbeiten leider nicht ausreiche. Die anderen begriffen
mühelos, was ich mir trotz verbissenster Mühe
nicht anzueignen vermochte. So lachte ich denn
ebenso verzweifelt in mich hinein, wie jener Arzt
in der Bauernstube vor sich hingelacht hatte: »Er ist
ein Philosoph, hohoho!« Nein, wahrhaftig, ich war
keiner.
Als ich das Zwischensemester überstanden hatte,
fuhr ich nach München. Ich fuhr ohne Hoffnung
dorthin. Eigentlich nur, weil ich es mir im blutigen
Wahnsinn des Krieges nun einmal vorgenommen
hatte. Wenn ich einigermaßen heil aus diesem
Elend herauskäme, hatte ich geträumt, dann wollte
ich in München alles nachholen, was ich jetzt ver-
absäumen mußte. Die Münchener Wirklichkeit
sah allerdings etwas anders aus als der Traum. Ich

fühlte mich in den dortigen Hörsälen ebenso verloren wie in den Göttingern, wenn nicht noch verlorener. Nach einigen Wochen war ich so weit, daß ich beschloß, das Studium aufzugeben. Ich hatte sowieso angefangen, mich mit der praktischen Politik zu befassen, oder doch mit dem, was ich darunter verstand. Und das nahm viel Zeit in Anspruch. In der Universität ließ ich mich nur noch in den Vorlesungen und Übungen blicken, die ein gewisser Professor Kutscher hielt. Besonders angetan hatten es mir seine Übungen über Werke zeitgenössischer Schriftsteller, die er jeden Freitag von achtzehn bis zwanzig Uhr veranstaltete.

Dieser Professor Kutscher, Artur mit Vornamen, ein gebürtiger Hannoveraner, war an der Münchener Universität ein Außenseiter. Er hatte nämlich behauptet, es gebe so etwas wie eine Theaterwissenschaft, was in den Augen der Germanisten und Literaturgeschichtler einfach eine Frechheit bedeutete. Und als er sich dann gar noch als ein Spezialist für das Werk des verruchten Frank Wedekind entpuppte und sogar Übungen über ihn und seinesgleichen abhielt, da stand es für die Etablierten fest, daß er ein Pseudowissenschaftler, wenn nicht überhaupt ein Scharlatan war. Weder das Theater noch die moderne Literatur konnte ihrer Meinung nach ein Gegenstand für die Wissenschaft sein: Dementsprechend wurde Kutscher von ihnen behandelt.

Und zwar sein Leben lang. Es ist ihm bis zu seinem Ende nicht gelungen, eine ordentliche Professur zu erlangen. Auch dann nicht, als die Theaterwissenschaft anderswo längst Anerkennung gefunden hatte. Aber die Jugend strömte in seine Vorlesungen und vor allem in die Freitags-Übungen. Und nicht nur die Jugend, sondern auch literarisch interessierte Erwachsene aus den verschiedensten Kreisen Münchens. »Man« traf sich bei Kutscher. Ich habe mich damals nicht gefragt, warum ich mich gerade zu diesem Manne und zu diesen Übungen so hingezogen fühlte. Die Faszination war vorhanden, und das genügte mir. Aber heute frage ich mich, worin denn die Faszination bestand, und heute glaube ich eine Antwort zu wissen. Artur Kutschers Wirkung beruhte auf seiner grundsätzlichen Unsachlichkeit. Ein literarisches Kunstwerk war für ihn keine Sache, der man mit wissenschaftlichem Rüstzeug auf den Leib rücken kann. Er wußte nur allzu gut, daß die Wissenschaft an das Dichterische einer Dichtung und ganz allgemein an das, was ein wie immer geartetes Werk zu einem Kunstwerk macht, nicht herankommen kann. Kunst ist mit wissenschaftlichen Methoden weder erkennbar noch lehrbar, denn Kunst hat etwas mit dem Leben zu tun, mit dem unlehrbaren und unlernbaren Leben. Und gerade darum, um das Leben in der Kunst ging es dem Professor Kutscher. Ihn interes-

sierten nur solche Dichtungen, die ihr Leben in der
Gegenwart bewiesen, mochten sie entstanden sein,
wann sie wollten. Darum war es für ihn so aufre-
gend, das Lebensträchtige und Lebenbewirkende in
den Dichtungen aufzuspüren – aufzuspüren und
nicht etwa zu erkennen – den gleichen Spürsinn in
seinen Schülern zu wecken, sie an das Geheimnis
heranzuführen – heran und nicht etwa hinein – und
sie ehrfürchtig werden zu lassen. Dem Geheimnis
gebührt Ehrfurcht. Und wenn es etwas noch Aufre-
genderes für ihn gab, dann das Entdecken und För-
dern von Begabungen, die das Dichterisch-Lebendi-
ge in den morgigen Tag hineintragen würden. Diese
Haltung, die freilich keine wissenschaftliche im
strengen Sinne, die aber die einem Kunstwerk gegenüber einzig angemessene war und ist, diese so
tief menschliche, gegenwartsnahe, vom Herzen her
bestimmte, diese staunende und liebende, diese
durch und durch unsachliche Haltung war es, die
ihm das Vertrauen, die Zuneigung und die Anhäng-
lichkeit, um nicht zu sagen die Treue so vieler junger Menschen gewann. Eine Treue, die auch nach
seinem Tode nicht erlosch. Sie spürten, daß hier einer auf dem Katheder stand, der beteiligt, mehr
noch, der ergriffen war, der nicht aus der Distanz,
wie es sich für einen Wissenschaftler geziemt, sondern im Hineingerissensein in die Dichtung sprach.
Man sah das Hineingerissensein dem Römerkopf

auch an: seine Augen wurden groß, wenn er etwas
Bedeutsames vorbrachte, seine Stirn legte sich in
dicke Falten, die Lippen wölbten sich vor, die Sätze
kamen mühsam und stoßweise aus ihm heraus, er
rang sie sich ab, weil er wußte, daß er etwas sagen
wollte, was im Grunde unsagbar blieb. Ein so Er-
griffener ergreift auch andere. Es ist nicht verwun-
derlich, daß viele seiner Schüler und Hörer später
im kulturellen Leben Deutschlands eine maßgebli-
che Rolle gespielt haben als Schauspiel- und Opern-
regisseure, als Dichter, Schriftsteller, Publizisten,
als akademische Lehrer, Leiter von Volkshoch-
schulen und sonstigen gehobenen Institutionen.
Alle Kutscherschüler gehören zu einem geheimen
Orden, dem überall Hochachtung erwiesen wird.
Zunächst erging es mir bei ihm, was das Verstehen
des Vorgetragenen betraf, nicht anders als in den
andern Vorlesungen. Meine Nachbarn zur Rechten
und zur Linken waren mir an Kenntnissen und an
Behendigkeit, sie anzuwenden, an Sicherheit des
Deutens, Urteilens und Einordnens so weit überlegen, daß ich nicht hoffen konnte jemals zu ihnen
aufzuschießen. In den Bücherschränken meines
Vaters standen zwar die Werke von Gerhart Haupt-
mann, Hermann Hesse, Richard Dehmel, Thomas
Mann und andern, zum Teil sogar in Erstausgaben,
aber ich hatte sie nicht gelesen. Wann hätte ich es
auch tun sollen? Und so sah ich mich außerstande,

den Darlegungen des Professors und der Referenten zu folgen, geschweige denn, die Werke, von denen die Rede war, zu beurteilen. Mir fehlten die Grundlagen. Wohl versuchte ich, durch nächtliches Lesen einiges aufzuholen, aber es stellte sich heraus, daß ich keine Lücken, sondern Weltallsweiten auszufüllen hatte. Es war und blieb ein Elend mit mir. Ich begann, darüber nachzudenken, wie ich meinen Eltern, ohne sie allzusehr zu erschrecken, beibringen könne, daß ich nicht zum Studieren tauge.

Da forderte Kutscher uns eines Abends am Ende der Übungen auf, am nächsten Freitag Schreibzeug mitzubringen. Was er beabsichtigte, sagte er nicht. Als der Freitag herangekommen war, verteilte er Quartblätter, las uns dann zehn oder zwölf noch unveröffentlichte Gedichte vor, die ihm ein befreundeter, von ihm aber nicht genannter Autor zur Verfügung gestellt hatte, und bat uns, im Verlauf der nächsten zehn Minuten unsere Eindrücke zu Papier zu bringen und mit unsern Namen zu unterfertigen. Er legte seine Taschenuhr aufs Pult und nickte uns unter Vorwölbung seiner Lippen ermunternd zu. Ich hatte kurz zuvor zufällig einen Blick in Klabunds Übersetzungen von Gedichten Li Tai Pos geworfen, die mir freilich nicht wie Übersetzungen, sondern wie Klabundsche Gedichte anläßlich der Lektüre von Li Tai Po vorgekommen waren. An den Tonfall dieser Gedichte erinnerten

mich die von Kutscher vorgetragenen. Da ich mir
jedoch nicht die geringste Aussicht einräumte, bei
diesem Test auch nur einigermaßen mithalten zu
können, hatte ich eigentlich keine Lust, mich zu
beteiligen, entschloß mich aber, nachdem etwa
fünf Minuten vergangen waren, nicht abseits zu
bleiben, wozu ein verwunderter Blick des Professors nicht wenig beitrug, und füllte das Blatt aufs
Geratewohl mit dem aus, was mir so einfiel: Es
handele sich um Gedichte von Klabund, schrieb
ich, die mit genialischer Unbekümmertheit und
fast krankhafter Hektik hingeworfen seien, was ihren Reiz, aber auch ihre Schwäche ausmache. Schade, daß der Dichter seine strömenden Gefühle
nicht aufgestaut und in ein einziges Gedicht ge-
drängt habe. Nicht die Ausgedehntheit mache das
Wesen eines Kunstwerks, zumal eines Gedichtes,
aus, sondern eben die Dichte. Und so weiter in diesem Stil. Fertig. Als die zehn Minuten herum waren, ließ Kutscher die Blätter einsammeln, schob
sie in seine Aktentasche und versprach uns, nach
abermals einer Woche die Anonymität des Dichters zu lüften und uns wissen zu lassen, was er von
unseren kritischen Versuchen halte.
Allzuviel war es nicht, wie sich am nächsten Freitag herausstellte. Wohl gab er einigen Urteilen seinen Beifall, verschwieg aber nicht, daß die Probe im
großen und ganzen enttäuschend ausgefallen sei.

Nur vier hatten den Autor erkannt. Die Gedichte stammten in der Tat von Klabund. Sie wurden übrigens bald darauf unter dem Titel »An Irene« veröffentlicht. Insoweit hatte ich's immerhin getroffen. Das schien aber auch alles zu sein. Denn unter den Arbeiten, über die Kutscher sich mit anerkennender Ausführlichkeit verbreitete, war meine nicht, selbstverständlich nicht. Sie war aber auch nicht unter denen, die er mit gutmütigem Lächeln abtat. Ich hatte also eine durchschnittliche Leistung vollbracht. Und das war mehr, als ich erwarten konnte. Zuletzt sagte Kutscher, und nun wolle er eine Arbeit vorlesen, die seiner eigenen Ansicht ganz nahe komme. Große Spannung. Er begann zu lesen. Ich fühlte, wie mir das Blut in den Kopf stieg. Das konnte doch nicht sein, aber es war so. »Wo ist er?« rief Kutscher, als er geendet hatte, in den Saal. »Herr Manfred Hausmann, stehen Sie mal auf!« Ein Glück, daß niemand etwas von mir wußte! Hin und wieder hat es auch sein Gutes, ungekannt zu sein. Ich blieb natürlich sitzen. Nicht, als ob der Zwischenfall mich gleichgültig gelassen hätte. Ich war glücklich, mehr als glücklich, ich war überwältigt, so daß ich Kutschers Auslassungen über mein Manuskriptchen nicht mehr zu folgen vermochte. Eine goldene Woge flutete über mich hin, es war wie eine Befreiung, wie eine Lossprechung von einem quälenden Bann. Ich holte tief Atem und faßte

23

wieder Mut. Ganz hoffnungslos stand es also doch nicht mit mir. Manchmal kann ja eine Winzigkeit hochbedeutsam im Dasein eines Menschen werden. Diese Winzigkeit ereignete sich in meinem Leben gerade zum richtigen Zeitpunkt. Viel später hätte sie nicht geschehen dürfen. Wieder einmal hatte Kutscher in ein paar Zeilen die Zukunft eines jungen Menschen gewittert. Und wieder einmal hatte er, ohne es zu ahnen, eine nie nachlassende Dankbarkeit in ein Herz gepflanzt. Ich bin ihm im Verlauf meines Studiums sehr nahe gekommen, bin in seinem Hause aus und ein gegangen und habe ihn schließlich zu meinem Doktorvater gewählt. Wenn ich in späteren Jahren nach München kam, habe ich es nicht unterlassen, mich in eine seiner Vorlesungen oder Übungen einzuschleichen, die er trotz seiner schnell zunehmenden Ertaubung um der Jugend willen getreulich weiterhielt. Es half mir nicht, daß ich ganz hinten Platz nahm, er entdeckte mich jedesmal und stellte den Verfasser des »Abel mit der Mundharmonika« und des »Lampioon« seinen Hörern vor. Ich hatte dann keine Bedenken mehr, aufzustehen und mich zu verbeugen, vor den trampelnden Studenten und vor allen Dingen vor ihm.

Hanns Johst
und Thomas Mann

Von den Dichtern, die der Münchener Theaterwissenschaftler Professor Artur Kutscher, allgemein der Theaterprofessor genannt, in den zwanziger Jahren einem kleinen Kreis seiner Schüler von Zeit zu Zeit im rückwärtigen Gelaß einer Gaststätte vorzustellen pflegte, sind mir nur zwei in deutlicher Erinnerung geblieben: Hanns Johst und Thomas Mann.

Der dreißigjährige Hanns Johst, der sich durch sein Grabbe-Drama »Der Einsame« einen Namen gemacht hatte, las uns in schwabingisch unbekümmerter Kleidung und unter genialischem Zurückstreichen der blonden Haare sein noch unvollendetes Stück »Der König« vor. Ein geschärfteres Ohr als das unsere hätte ihm schon damals abmerken können, wohin der Weg des Autors führen werde, auf den Präsidentenstuhl der Reichsschrifttumskammer nämlich. Er las uns die wilden Szenen übrigens nicht vor, sondern er agierte, er verkörperte, er lebte sie uns vor. Und das war so sehens- wie hörenswert. Die vorandrängende Leidenschaft seines Dichtertums verlieh unserem ungeduldigen Enthusiasmus Sprache und Gestalt. Wir saßen mit großen Augen und heißen Stirnen da und erlagen, der eine wie der andere, dem Ungestüm dieser Darbietung. Was mir besonderen Eindruck machte, war die Art, wie er, ohne zu zögern, die noch nicht ausgeführten Stellen, den Eingebungen des Augenblicks folgend, in großzügigen Strichen hinwarf, wodurch sie eine kaum zu überbietende Unmittelbarkeit gewannen und nur so zuckten vor Leben und Gegenwart. Wir vermeinten, Zeugen des Hervorbrechens von Dichtung aus dem Gebrodel zu sein, das in den Klüften und Schlüften seines Schöpfergeistes waberte. Da konnten wir schon die Augen aufreißen und den Atem anhalten.

Das Gespräch, das sich dann, wie üblich, anschloß, kam nur zögernd in Gang und förderte nichts Neues zu Tage. Hanns Johst war kein Mann der Analyse und schon gar nicht der Selbstanalyse. Und wir andern brauchten Zeit, um uns aus der Überwelt des Dramas, die uns allen, auch den Zerreißern vom Dienst, zunächst einmal die Sprache verschlagen hatte, in die Gaststättenwirklichkeit zurückzufinden.

Als wir dann im Winter die Uraufführung des Dramas miterlebten, mußten wir allerdings erkennen, daß die vom Feuer des Dichters durchglühte Darbietung eines und die Objektivierung durch die Bühne ein anderes ist. Auf dem Theater tat das Stück, das uns noch vor wenigen Monaten gleichsam von den Stühlen gerissen hatte, so gut wie keine Wirkung. Die Handlung kam uns jetzt konstruiert vor, die Personen blieben schemenhaft und blutlos, die Ausstrahlung fehlte. Es zeigte sich, daß zuweilen das Herz eines Dichters größer sein kann als sein Künstlertum. Das vermag in menschlicher Sicht sogar etwas Sympathisches zu haben, im Bereich der Kunst wird jedoch beides gefordert, unerbittlich: die Kraft des Herzens und die Fähigkeit des Gestaltens, die dem Umrißlosen Maß und Grenze setzt.

Ich habe die Lehre nicht vergessen. Jedesmal, wenn sich in späteren Jahren, als ich für den kulturellen Teil einer Zeitung verantwortlich war, ein begeisterter Autor anschickte, mir eine seiner Arbeiten vorzulesen, habe ich sie ihm, ehe er sich's versah, aus der Hand genommen und mich dann im stillen Kämmerlein damit befaßt. Wie es Autoren gibt, die besser schreiben als lesen, so gibt es auch solche, deren Vortragskunst ihre literarische Gabe weit übertrifft. Und das sind die, vor denen man auf der Hut sein muß.

Bei der nächsten Zusammenkunft des Kreises war es Thomas Mann, dessen Bekanntschaft der Professor uns vermittelte. Diesmal kehrte sich, wenigstens in meiner Brust, die Abfolge der Empfindungen um, derart, daß erst die Ernüchterung stattfand und dann das Angetansein. Denn der da hereintrat, ein Mann in der Mitte der Vierziger, legte offenbar Wert darauf, von vornherein klarzustellen, daß zwischen ihm und den Schwabinger »Genies«, zu denen auch wir gehörten, ein gewisser Unterschied bestehe. Der Stoff und Zuschnitt seines Anzugs,

der Schlips, die Wäsche, soweit sie am Hals und über den Handgelenken sichtbar wurde, alles war untadelig und sorgte im Verein mit einer abweisenden Höflichkeit dafür, daß kein Mißverständnis über seine Anwesenheit aufkam. Wie denn auch seine Redeweise durch die Bedachtheit der Lautbildung und die Sorgfalt der Betonung mehr auf ein sich Abschließen als auf ein sich Mitteilen hinauslief. Wir hingegen waren gewohnt, ziemlich freimütig miteinander umzugehen, und unsere Gewandung bestand vorwiegend aus ehemaligen Uniformteilen, denen unsere Mütter durch Entfernen der soldatischen Abzeichen und Annähen ziviler Knöpfe ein friedfertiges Aussehen zu geben gewußt hatten. Nicht wenige der Waffenröcke waren überdies ihrer Schäbigkeit wegen bereits dem damals üblichen Verfahren des Wendens unterzogen worden. Aber das kümmerte uns ebensowenig wie die Tatsache, daß wir eigentlich ununterbrochen Hunger verspürten. Es war die Zeit der Lebensmittelmarken und Kleiderkarten. Wir hatten Wichtigeres zu tun, als uns viel um des Leibes Notdurft und Nahrung zu sorgen.
Unwillkürlich fragte ich mich, warum Thomas Mann denn um Himmelswillen die Zuverlässigkeit und Gediegenheit seiner hansischen Vaterstadt Lübeck, in der er sich doch heimisch fühlen mußte, mit der barocken Lässigkeit Münchens ver-

tauscht haben mochte. Und wenn er wirklich, wie man mir erzählt hatte, im Kontor einer Feuerversicherungsgesellschaft tätig gewesen war, dann konnte ich ihn mir seinem Aussehen nach eher dort als in einer Dichterstube vorstellen. Dabei wußte ich doch, daß viele Stellen seiner Prosa sich in den Bereich der reinen Dichtung erhoben. Ein merkwürdiger Mann.

Was den Abstand betraf, so wahrte der Gast ihn, als er zu lesen begann, sogar seinem Werk gegenüber. Was für ein Unterschied zwischen diesem Tonfall und dem von Hanns Johst! Er hatte das Kapitel »Die Jagd« aus dem in der Ichform geschriebenen erzählenden Bericht »Herr und Hund« gewählt, an dem er noch arbeitete. Obwohl das Ich dieses Berichtes zweifellos mit dem Ich des Lesenden zusammenfiel und obwohl ebenso zweifellos nicht von ersonnenen, sondern von realen und überaus persönlichen Begebnissen die Rede war, hatte es den Anschein, als schildere der Autor etwas, bei dem wohl seine schriftstellerische Intelligenz, nicht aber sein Herz beteiligt war. Der Schöpfer hatte, so kam es mir vor, eine Scheu, sich durch die Temperierung seines Vortrags zu seinem Geschöpf zu bekennen. Anfangs dachte ich, vielleicht sei ihm erst jetzt, beim Anblick unserer erwartungsvollen Gesichter, bewußt geworden, daß junge Menschen in einer Zeit, in der das Fortbestehen des Deutschen Reiches in

Frage gestellt war, in der linksradikale Massen in
Berlin den Reichstag zu erstürmen versuchten, der
rechtsradikale Kapp-Putsch in einem General-
streik zusammenbrach, die Reichswehr den Sparta-
kistenaufstand im Ruhrgebiet blutig niederschlug,
die Franzosen Frankfurt besetzten und die Inflation
ihr unaufhaltsames Zerstörungswerk begann, ich
glaubte, es sei ihm erst jetzt bewußt geworden, daß
wir in solchen Zeitläuften von einem Dichter etwas anderes erwarteten als eine, wenn auch mit be-
wundernswerter Präzision ausgeführte Schilde-
rung seiner vergleichsweise idyllischen Erlebnisse
mit dem Hund Bauschan in den Isar-Auen. Vielleicht rühre seine Zurückhaltung, dachte ich, daher, daß ihn in unserem Kreise ein Unbehagen oder
gar so etwas wie Scham über sein Beiseitestehen
und sein Versagen den Forderungen des Tages gegenüber, sein sich Versagen, angewandelt habe.
Aber ich war wohl der einzige, dem dergleichen in
den Sinn kam, denn auf den Gesichtern meiner Ka-
meraden konnte ich keine Spur von Enttäuschung
entdecken. Sie hingen vielmehr verzückt an den
Lippen des Zauberers und genossen mit unbedenk-
lichem Behagen die minutiöse Sicherheit seiner Be-
obachtungen und die filigranartige Artistik seiner
Sprache, die sich in jedem Satzgebilde bekundete,
besonders dort, wo ironische Lichter darüberhin-
glitzerten. Das schöngeistige Spiel war ihnen zur

Stunde wichtiger, ihnen auch, als die Teilnahme an einer politischen oder sonstigen Verantwortung. Warum sollte der Zauberer da Bedenken haben, ihnen die Erlebnisse mit seinem Hund und mit den Hasen, Fasanen, Enten und Mäusen zu unterbreiten? Nein, die Zurückhaltung mußte einen andern Grund haben.

Je weiter die Lesung fortschritt, um so weniger achtete ich auf die Sätze, die an mein Ohr drangen, und um so mehr verlor ich mich an das eigenartige Gesicht des Mannes, der mir schräg gegenüber saß. Die beherrschende Kühnheit der Nase schien mir nicht recht zu der Schwermut der Augen und der Empfindlichkeit des Mundes zu passen. Durch diesen Widerspruch erhielt das Gesicht etwas Unausgeglichenes, ja Leidendes, ja Gequältes. Am meisten beeindruckte mich die Schwermut der Augen. Keine romantisch-gefühlvolle, sondern eine wache und wissende, die sich dann einstellt, wenn der innere Blick bis in die Tiefen der Welt dringt, bis dahin, wo alles dunkel, verworren und heillos wird. Mit einem Male begriff ich, daß die Kühnheit, Empfindlichkeit und Schwermut nicht im Widerspruch zueinander standen, sondern sich bedingten. Kühnheit und Männlichkeit waren vonnöten, damit der Geist in die Abgründe des Seins zu schauen wagte. Aber weil ihm nicht nur Kühnheit und Männlichkeit eigneten, sondern auch Empfindlichkeit und

Verletzlichkeit, litt er unter dem, was er da unten erblickte. Er litt und er empörte sich. Denn der Geist will nicht die Finsternis, sondern die Klarheit, nicht das Verworrene, sondern die Gestalt, nicht die Vergänglichkeit, sondern die Dauer, nicht die Heillosigkeit, sondern das Bewahrtsein. Aber zugleich wußte dieser Geist, daß alle menschliche Empörung, wie immer sie sich geäußert hatte, vergeblich geblieben war und in alle Ewigkeit vergeblich bleiben würde. Es mochte sein, daß sich das Weltwesen an seiner Oberfläche als veränderbar erwies, obwohl das noch dahinstand, aber an den rätselvollen Grund, an die Finsternis und Traurigkeit, kam kein Empörungswille heran. Das Seltsame und Unbegreifliche war nur, daß von Anbeginn der Menschenzeit bis zu dieser Stunde immer wieder einzelne, sehr einzelne, aufgestanden waren, die sich trotz des Wissens um die Vergeblichkeit ihres Unterfangens an die Arbeit gemacht hatten, der Vergänglichkeit ein Bleibendes, der Heillosigkeit eine Rettung, dem Chaos eine Gestalt abzugewinnen, sei es eine Gestalt des Raumes, der Farbe, des Tones oder des Wortes. Eine schreckliche, weil aussichtslose Arbeit, eine Arbeit des Unterliegens und Scheiterns, des sich wieder Aufrichtens und von neuem Scheiterns. Ein Kampf, der in seiner Verbissenheit an Wahnsinn grenzte, wenn er nicht überhaupt schon Wahnsinn war. Ein Kampf aber

auch, der keine Atempause kannte. Wo der Bild-
hauer, der Maler, der Komponist, der Dichter sich
auch befand und wie er sich auch befand, das Werk
ließ ihn nicht los. Jede Pause war nur eine Schein-
pause. Das Ringen ging weiter. Was nicht dem Werden des Werkes diente, war eine Störung, insbesondere das Zusammensein mit andern Menschen. Es
ließ sich nicht vermeiden, gut, aber dann sollte es
so unverbindlich wie möglich geschehen. Bleibt
mir vom Leibe! Laßt mich zufrieden! Der beste
Schutz gegen Störungen dieser Art war die Un-
wirschheit bis hin zum Sonderlingstum oder die
bürgerliche Korrektheit bis hin zur unterkühlten
Höflichkeit. Es kam darauf an, Distanz zu wahren,
um jeden Preis, keine Kräfte zu verschwenden, die
doch so nötig gebraucht wurden, die anfälligen
Kreise nicht stören zu lassen um der Arbeit willen.
Um einer Arbeit willen, die ohne Hoffnung und
ohne Verheißung war und die doch unbedingt getan
sein wollte.
Mit einem Male begriff ich das widerspruchsvolle,
das gequälte, das einsame, das bürgerliche Gesicht
Thomas Manns. Er, der Fünfundvierzigjährige,
ahnte nichts von den Gedanken, die den um drei-
undzwanzig Jahre Jüngeren bewegten. Mit verhaltener Stimme fuhr er fort, von den Freuden und Lei-
den seines Hundes zu berichten. »Der häßliche und
für Bauschans Begriffsvermögen so unsinnige Zwi-

schenfall sank hinab in die Vergangenheit, unerlöst
eigentlich, unaufgehoben durch klärende Verstän-
digung, welche unmöglich gewesen wäre, aber die
Zeit deckte ihn zu, wie es ja auch zwischen Menschen zuweilen geschehen muß, und über ihm lebten wir fort, während das Unausgesprochene tiefer
und tiefer ins Vergessen zurücktrat . . .« Nach wie
vor las er die Sätze mit bedachter Lautbildung und
sorgfältigster Betonung.

Clara Westhoff–Rilke

Wenn ich auch wenig Vertrauen zu den Deutungs-
künsten der Graphologen habe, so muß ich doch
zugeben, daß der Anblick einer Handschrift in mir
eine bestimmte Vorstellung vom Wesen des Schrei-
bers weckt. Nicht auf Grund von Einzelheiten, sondern durch das Schriftbild als Ganzes. In ähnlicher
Weise läßt ja auch das Gesicht eines Menschen
Rückschlüsse auf seinen Charakter zu. Allerdings
ist hier wie dort Vorsicht geboten. Der erste Eindruck kann täuschen, sehr sogar.

Vor mir liegen einige Briefe, die Clara Rilke im Laufe des Jahres 1948 an mich gerichtet hat. Wirft man
nur einen flüchtigen Blick darauf, dann meint man,
eine Handschrift vor sich zu haben, die dem Vornamen der Schreiberin Ehre macht, denn sie ist von
einer erstaunlichen Klarheit. Jedes der mit weit
ausholenden, herrscherlichen Zügen bedeckten
Blätter nimmt sich, zumal die flachgeschwunge-
nen Bogen immer wieder ohne Absetzen der Feder
ein Wort mit dem anderen verbinden, wie ein Netz
aus ganz lockeren Maschen aus. Wenn man aber
versucht, das Verschlungene zu lesen, dann merkt
man, daß es mit seiner Klarheit wunderlich bestellt
ist. Die in sich wogenden Buchstaben und die Lini-
en, die sich von einem Punkt über das betreffende
Wort hin in den Anfang des nächsten schwingen,
erschweren das Entziffern beträchtlich, wenn sie es
manchmal nicht überhaupt unmöglich machen.

Hinter dem Schriftbild, nein, nicht hinter, sondern in ihm, in seiner Gelockertheit, Großzügigkeit und Reinheit, verbirgt sich noch etwas anderes. Die Schreiberin dieser Briefe ist zweifellos eine offene und klare, sie ist aber zugleich eine verschlossene und allerlei Rätsel aufgebende Frau, die sich gerade in ihrer Offenheit, durch ihre Offenheit verschließt und die gerade in ihrer Klarheit, durch ihre Klarheit zu einem Rätsel wird. Auch in der Klarheit des Lichtes ist ja ein Mysterium verborgen.

Wie ihre Schrift, so ihr Gesicht. Ich habe Clara Rilke zum ersten Male in der Mitte der zwanziger Jahre gegenübergestanden. Vorher kannte ich sie nur von dem triptychonartigen, im Jahre 1905 gemalten Bild Heinrich Vogelers, das ursprünglich »Das Konzert« hieß und später in »Der Sommerabend« umbenannt wurde. Da sitzt sie auf der Gartenterrasse von Vogelers Barkenhoff in Worpswede, auf der sich einige befreundete Menschen, darunter Otto und Paula Modersohn, Heinrich und Martha Vogeler, zum Musizieren und Hören versammelt haben, ein wenig abseits von den anderen an einer verdämmernden Stelle und scheint, in sich hineinsinnend, mehr mit sich selbst als mit den Klängen von Geige, Cello und Flöte beschäftigt zu sein. Die Rosen, die vor ihr über das im Bogen zu einer Biedermeier-Vase emporsteigende Mäuerchen fallen, vertiefen die Dämmerung noch. Trotz seiner Offenheit hat das Gesicht mit den über die Schläfen fallenden Haarsträhnen etwas Dunkles, fast Düsteres, und trotz seiner Freiheit ist es von einer herben Schwermut gezeichnet.

Damals waren vier Jahre vergangen seit dem Tag, an dem die junge Bildhauerin Clara Westhoff die Frau Rainer Maria Rilkes wurde. Oder soll man sagen: nicht wurde? Als die beiden im Jahre 1901 unter schwierigen äußerlichen Verhältnissen, die sich in nichts von einer bitteren Armut unterschieden, die Ehe eingingen, in demselben Jahr, in dem sich auch Otto Modersohn mit Paula Becker und Heinrich Vogeler mit Martha Schröder verbanden, waren sie besten Willens. Und sie haben als wahrhaftige und großherzige Menschen diesen Willen auch dann nicht aufgegeben, als sie erkannten, daß sie keine wirkliche Ehe führen konnten. Wenn Rilke etwa den Sinn einer Ehe darin sah, »daß einer des andern Einsamkeiten bewachen müsse«, dann deutete sich darin schon das Wissen um das unaufhebbare Getrenntsein und Getrenntbleibenmüssen an. Wer eine Ehe unter einem solchen Vorzeichen beginnt, das einer Resignation gleichkommt, hat noch nicht erfaßt, was eine Ehe eigentlich ist. Und was Clara Rilke betrifft, so sprechen die Sätze, die sie viele Jahre später, in ihrem Brief vom achtzehnten November 1948 an mich richtete, etwas aus, was sie sicher schon als Mädchen und dann auch im

Verlauf ihrer ersten Ehejahre gefühlt hat: »Möchte
es Ihnen und mir doch gegeben sein, zu verstehen,
was Eckehard meint, wenn er sagt: ›Der Mensch
lerne zuerst, daß sein Herz fest bleibe an Gott, so
wird er auch beständig sein in allen seinen Wer-
ken.‹ Und lassen Sie uns an Hokusai denken, der
sich mit neunzig Jahren einen Namen gegeben hat,
der bedeutet: ›der in die Arbeit Verliebte‹.« Der Wille zum Festbleiben des Herzens und die Beständig-
keit bei der Arbeit, bei der künstlerischen Arbeit,
war stärker in ihr als der Wille zur Ehe, stärker aber
auch als Rilkes Bemühen, sie nach seinem Bilde zu
formen. Und ihr Eifer für die Bildhauerei, für dies
schwere Handwerken, das ja von Haus aus, schon
der körperlichen Anforderung wegen, mehr einem
Mann als einer Frau zusteht, tat ein Übriges, um sie
statt zur Gemeinschaft in einen Gegensatz zu Rilke
zu bringen. Sie war in der Tat, wie Hokusai, in ihre
Arbeit verliebt, mehr noch, sie war von ihr beses-
sen. Die Lehrzeit bei Rodin, der sich Tag und Nacht
unter das Wort »travailler« stellte, bestärkte sie
darin noch bis zum Trotz. So war diese Ehe schon
gescheitert, ehe sie begann. Was aber durchaus
nicht gescheitert war, war die gleichbleibende Ach-
tung vor der Strenge, mit der jeweils der andere seiner künstlerischen Verpflichtung nachging.
An einem Spätsommertag des Jahres 1924 oder 25
lud eine Bremer Dame, die mit Clara Rilke befreun-

det war, meine Frau und mich ein, zusammen mit Rudolf Alexander Schröder nach Fischerhude zu fahren und die Bildhauerin zu besuchen. Fischerhude, östlich von Bremen gelegen, bildete eine Art Gegenstück zu Worpswede. Als das geschäftige und geschäftliche Treiben in dem »Weltdorf« am Weyerberg zu lebhaft geworden war, hatten sich einige Künstler, darunter Otto Modersohn, entschlossen, in das unberührte, von alten Bäumen beschützte Fischerhude überzusiedeln. Dort bewohnte Clara Rilke mit ihrer Mutter und ihrem Bruder Helmut in der Bredenau ein kleines Haus, an dem ein Wasser langsam vorbeizog. Die drei empfingen uns mit ruhiger Herzlichkeit. Sei es nun, daß Heinrich Vogeler damals Clara Rilkes Gesicht älter gemacht hatte, als ihm zukam, sei es, daß die zwanzig Jahre, die seitdem vergangen waren, ihr nichts hatten anhaben können, sie sah jedenfalls noch ganz so aus, so offen und so dunkel, wie auf jenem Barkenhoff-Bild, und auch die schwarzen Haarsträhnen hingen immer noch so verweht über ihre Ohren und Schläfen wie einst. So blieb sie denn auch im Umgang mit uns bei aller aufmerksamen Zuwendung von etwas Fremdem umsponnen, das sich hin und wieder zu einem abweisenden Fürsichsein vertiefen konnte.

Um so freier gab sich, als wir auf dem Rasenplatz vorm Haus unseren Tee tranken, die alte Frau

Westhoff. Sie schien jünger zu sein als wir alle. Wir konnten über den Schwung und die Lebenskraft, die sie an den Tag legte, nur staunen. Im Verlauf des Gesprächs stellte sich heraus, daß sie wahrhaftig im Winter, wenn sich die überschwemmten Wümme- und Hammewiesen in eine endlose Eisfläche verwandelt hatten, mutterseelenallein von hier, von ihrem Anwesen aus, auf holländischen Schlittschuhen, die sie Strietschuhe nannte, bis nach dem immerhin über zwanzig Kilometer entfernten Ritterhude oder, bei günstigem Wind, nach dem noch ferneren Worpswede »wanderte«. »Ich bin vom alten Schlag«, lachte sie. Und das war sie wirklich. Man spürte es auch an der Unmittelbarkeit ihres Erzählens, das sie mit vielen plattdeutschen Wendungen durchsetzte. Es war so sinnenhaft, eigenwüchsig und zutraulich, daß ich immer wieder bedauerte, nicht Blei und Papier zur Hand zu haben, um wenigstens einige ihrer Ausdrücke festhalten zu können. Als sie sich anschickte, von einem Besuch des Osterholz-Scharmbecker Landrats bei Otto Modersohn zu berichten, unterbrach sie sich und sagte zu ihrer Tochter: »Da mußt du her, du warst ja dabei.« Clara Rilke lehnte sich auf ihrem Stuhl zurück, kreuzte die Arme vor ihrer Brust und lächelte vor sich hin: »Ja, also der Besuch bei Modersohns. Eines Tages, als ich gerade drüben war, fuhr der Landrat – ich glaube übrigens, daß er sein

Verwaltungswesen sehr gut verstand – eines Tages fuhr er bei Otto Modersohn vor, um Besuch bei ihm zu machen. Modersohn war natürlich hoch erfreut. Er zeigte ihm seine Bilder, sprach über seine Pläne, auch über seine beginnende Sehschwäche, und führte ihm zuletzt sozusagen als Höhepunkt seine Schmetterlings- und Käfersammlung vor, die sein ganzer Stolz war. Ich wußte, daß ihn der Farbenschmelz und die Glanzlichter immer von neuem bezauberten. Und nun wartete er darauf, was sein Gast wohl zu dieser Herrlichkeit sagen werde. Der Landrat ging von Kasten zu Kasten, schüttelte hin und wieder den Kopf, was Modersohn für ein Zeichen seiner Überwältigung hielt, und brach schließlich in den Satz aus: ›Man sollte es nicht für möglich halten, verehrter Herr Modersohn, daß es in unserem Kreis eine solche Menge Ungeziefer gibt‹.«

In unsere Fröhlichkeit hinein sagte Schröder, er hätte das Gesicht des guten Modersohn wohl sehen mögen.

»Ach nein, Herr Schröder, er war ganz traurig. Und ich eigentlich auch. Aber der Landrat konnte ja nichts dafür. Er mußte eben an die Schädlichkeit denken, wo Otto Modersohn die Schönheit sah. Es ist nur – darf ich das einmal sagen? ich meine, weil mich das schon immer gequält hat, wie sollen sich Menschen wie Otto Modersohn und dieser Landrat

42

jemals verstehen? Zwischen ihnen liegt doch ein
Abgrund. Nicht nur in dieser Sache. Ich meine, die
Menschen sind doch so schrecklich verschieden.
Überall auf der Welt. Wie sollen sie sich nur verstehen? Ich muß so oft darüber nachdenken. Über das
Verstehen überhaupt. Auch bei meiner Arbeit. Was
weiß ich denn von dem Menschen, dessen Kopf ich
mache, auch wenn er ein guter Bekannter von mir
ist? Und das bißchen, das ich weiß, verstehe ich es
denn? Ich meine, verstehe ich es denn so, wie er es
versteht? Nicht einmal Menschen, die einander
teuer sind, verstehen sich ja. Ich meine zuinnerst.
Ja, und wenn die Menschen sich nicht verstehen,
wenn alles Verstehen nur auf ein Mißverständnis
hinausläuft, was soll denn um Gottes willen aus ihnen werden? Was soll denn aus uns werden?« Sie
hob den Kopf und sah uns an.
Ich war betroffen über die Wendung, die das Gespräch genommen hatte. Und die andern auch.
Nach einer Weile des Schweigens nahm Schröder
seine Zigarre aus dem Mund, klopfte die Asche mit
dem Zeigefinger an und sagte mit seiner spitzen, etwas gepreßten Stimme: »Dabei ist es noch um einen beträchtlichen Grad schwieriger um das Verstehen der Menschen bestellt, als Sie denken. Versteht denn der Mensch sich selbst? Verstehen Sie
sich selbst? Wissen Sie den letzten Grund für das,
was Sie denken und unternehmen?«

Sie strich mit der Linken über ihr Haar und umfaß-
te ihren Nacken. Ihre rechte Schulter hob sich und
fiel ratlos wieder zurück. Aber ihr Gesicht blieb unbewegt. »Was sollen wir denn tun?«
»Was sollen wir tun, liebe Freundin? Mir fällt da einer von den Sprüchen Salomos ein: ›Wie sich ein
Angesicht im Wasser spiegelt, so ein Mensch im
Herzen des andern.‹ Das ist es wohl.«
Sie wiederholte den Satz für sich. Dann ließ sie die
Hand sinken. »Bitte, wie ist das gemeint?«
»Wenn Sie sich in einem Wasser spiegeln wollen«,
sagte Schröder, indem er die Stirn über seine nach
oben geöffnete Hand senkte, »müssen Sie ganz
nahe herankommen, sonst geht es nicht. So kann
sich auch ein Mensch nur dann im Herzen eines anderen spiegeln, wenn er sich ganz dicht zu ihm nie-
derbeugt. Das ›ganz dicht‹ ist gemeint. Man könnte
es auch mit einem andern biblischen Wort sagen,
um das wir nie herumkommen: ›Und hätte der Liebe nicht . . .‹ Ich weiß jedenfalls keinen anderen
Ausweg aus dieser Not.«
Aber Clara Rilke blickte an ihm vorbei und schüttelte langsam den Kopf: »Die Liebe ist kein Ausweg.«
Schröder wollte etwas entgegnen, ließ es aber sein.
Vielleicht befürchtete er, das Gespräch werde sich,
wenn es in dieser Richtung weiterginge, Dingen zuwenden, an die wir lieber nicht rühren sollten.

44

Noch nicht. Ich selbst dachte etwas Ähnliches. Deshalb atmete ich auf, als Clara Rilke sich erhob und sagte, wenn wir die Bilder ihres Bruders noch sehen wollten, werde es Zeit. Sonst hätten sie nicht mehr Licht genug. Ebenso unvermittelt, wie sie sich aufgetan hatte, verschloß sie sich auch wieder. Wahrscheinlich schämte sie sich schon über ihr Verhalten.

Während Helmut Westhoff uns in seiner bescheidenen Art einige seiner hellen, mit behutsamem Farbauftrag gemalten Landschaftsbilder vorstellte, in denen sich eine stille und reine Empfindsamkeit für einfache Motive offenbarte, merkte ich, daß Clara Rilke ihr Augenmerk unentwegt auf Schröder richtete. Ich wußte nicht recht, was ich davon halten sollte, bis sie, ohne den Blick von ihm zu wenden, sagte, sein Kopf sei von einer so wunderbaren Plastik, daß er geradezu danach riefe, modelliert zu werden. Sie war schon wieder bei der Arbeit.

Das liege nur daran, meinte Schröder, daß ihm so wenig Haare verblieben seien.

»Wann haben Sie Zeit für mich? Es kribbelt mir in den Fingern vor Schaffenslust.«

Als sie so vor ihm stand, so groß und machtvoll, daß sich selbst der große Rudolf Alexander Schröder klein neben ihr ausnahm, begriff ich so recht, wie blind und ahnungslos Rilke war, als er sich unter-

fing, diese Frau zu »seiner« Frau zu machen. Sie ist
es nie geworden, sie konnte es nie werden. Und je
bestimmter er es sich angelegen sein ließ, sie nach
seiner Vorstellung zu bilden, und je mehr sie versuchte, sich seinem Willen zu fügen, um so unab-
weisbarer wurde sie das, wozu sie angelegt war:
Clara Westhoff. Paula Modersohn, damals noch
Paula Becker, sah tiefer, als sie am Anfang ihrer
Freundschaft in ihr Tagebuch schrieb: »Sie ist meiner Empfindung nach oft zu groß . . . innerlich und
äußerlich. Aber sie ist solch kräftige Natur, die alles, was an sie herantritt, ergreift, es unwissentlich
dreht und wendet, bis sie es verwenden kann . . .
Was ihr auch zustößt, es wird immer zu ihrem Besten sein.« Jetzt hatte Clara Rilke Schröder ergriffen.
Es mußten noch viele Jahre vergehen, ehe das an
diesem Tage geplante Bildwerk ausgeführt werden
konnte. Der 1935 entstandene Kopf befindet sich
heute im Besitz der Bremer Kunsthalle zusammen
mit dem im Jahre 1900 gearbeiteten Kopf von Heinrich Vogeler. Die beiden Bronzen sind ein Zeugnis
dafür, daß Clara Rilke von Anfang an, erst unbe-
wußt, dann in voller Bewußtheit, fest und beständ-
dig geblieben ist in ihrem Herzen und bei ihrer Arbeit.

Oswald Spengler

Nur wenige Bücher des zwanzigsten Jahrhunderts haben eine ähnliche Breiten- und Tiefenwirkung gehabt wie Oswald Spenglers eintausendzweihundertfünfzig Seiten starkes Werk »Der Untergang des Abendlandes« mit dem nicht eben bescheidenen Untertitel »Umrisse einer Morphologie der Weltgeschichte«. Wenn ein so umfangreiches und so schwieriges Unternehmen bei hoch und nieder auf Interesse stößt, dann darf man vermuten, daß dabei noch andere als rein sachliche Gegebenheiten mitspielen. Und so verhielt es sich in der Tat. Schon der Zeitpunkt des Erscheinens – 1919 trat der erste, 1921 der zweite Band an den Tag – war von entscheidender Bedeutung. Nach dem ersten Weltkrieg breitete sich in den erschöpften Völkern Europas, zumal in dem geschlagenen, halb verhungerten und wie nie zuvor gedemütigten deutschen, so etwas wie eine Untergangsstimmung aus. Deshalb glaubten immer weitere Kreise, das Buch gehe sie besonders an. Sie wollten wissen, ob der Untergang, den sie vor Augen zu haben vermeinten, wirklich unabwendbar sei. Und wenn es sich so verhielt, wenn es denn keine Hoffnung gab, wollten sie wenigstens eine wissenschaftliche Begründung dafür haben. Spengler lieferte sie ihnen. Und zwar auf eine Art, die keinen Widerspruch duldete. Was der Autor sagte, hatte zu gelten. Punktum. Er allein sah, so behauptete er, die großen weltgeschichtli-

chen Zusammenhänge, die vor ihm noch niemand
erkannt hatte, und er allein verstand sie so zu deu-
ten, wie sie gedeutet werden mußten. Abermals
Punktum. Das machte Eindruck. Besonders natürlich auf jene, die dem Stoff nicht gewachsen waren.
Und wer war denn einem Stoff gewachsen, der so
gut wie alle Wissensbereiche der abendländischen
Kultur umfaßte? Am wenigsten die Fachleute. Sie
kannten sich ja immer nur in ihren Spezialgebieten
aus und hatten Mühe, den dort gestellten Anforderungen gerecht zu werden. So sagten denn die Ma-
thematiker, sie hielten Spenglers zahlentheoreti-
sche Vorstellungen für höchst fragwürdig, zögen
aber vor seinem Geschichtsverständnis den Hut.
Die Historiker wollten über sein Geschichtsverständnis lieber nicht reden, zeigten sich jedoch
über seine Beschlagenheit auf mathematischem
Gebiet verblüfft. Dementsprechend taten die
Orientalisten seine Auslassungen über die syri-
sche, koptische und persische Literatur mit einer
Handbewegung ab, zollten dagegen seinem biologi-
schen Wissen ein besonderes Lob, während die Bio-
logen über ebendies Wissen den Kopf schüttelten,
dafür aber seine Einsichten in die Hintergründe der
orientalischen Kulturen um so mehr bewunderten.
Es gab kaum jemanden, der imstande gewesen
wäre, das Werk als Ganzes sachgemäß zu beurteilen. Wer es aber nicht als Ganzes beurteilte, urteilte

daran vorbei. Gerade dies halbe Verstehen und die
zwischen Bewunderung und Ablehnung schwan-
kende Stellungnahme der maßgeblichen Geister
trug nicht wenig zur Verbreitung des Buches bei. Es
brachte die Diskussion erst richtig in Gang und
sorgte dafür, daß sie nicht abriß. Außerdem wurde
dadurch auch denen das Mitreden und sich Interes-
santmachen ermöglicht, die nicht viel mehr als den
Titel und das Vorwort gelesen hatten.

Das alles genügte aber nicht, um die wachsende Er-
regung und die nachhaltige Anteilnahme, der das
Buch begegnete, hinreichend zu erklären. Es kam
noch etwas anderes hinzu. Je verworrener die Zeit-
läufte sich anließen, um so mehr wuchs die Zahl
derer, die nach einem Ausweg aus dem Chaos suchten, in das der eigensüchtige und haßerfüllte Natio-
nalismus, die Blindheit und die Weltfremdheit
kleinformatiger, aber mächtiger Politiker das
Abendland gestürzt hatte. Was war denn eigentlich, so fragten sie, der Sinn nicht nur des eigenen
Lebens, sondern des Weltgeschehens überhaupt?
Wie konnte man es verstehen? Warum hatte das
Schicksal gerade unsere Zeit in diese Verwüstung
gestürzt? Auf welche Weise konnte man dem
Chaos eine neue Ordnung abgewinnen? Schicksal,
was war das eigentlich? Da kam dieser Spengler mit
einem Buch daher, in dem gerade davon überaus
klar und glaubwürdig die Rede war. Allerdings un-

ter einem pessimistischen Vorzeichen. Aber Verstehen ist ja auf jeden Fall besser als verständnislos Dastehen. Handeln besser als sich Treibenlassen. Und so griff man nach dem Buch des Propheten. Er hatte darin Hunderte, wenn nicht Tausende von Einzelergebnissen, die von bienenfleißigen Wissenschaftlern, zum Teil in lebenslänglicher Forschungsarbeit, zutage gefördert worden waren, unter ein allgemeines Bedeutungsprinzip gestellt, das ihn, wie er glaubte, instand setzte, Geschichte neu zu begreifen und vor allen Dingen Geschichte vorauszubestimmen. Wenn er dabei mit diesen und jenen Einzelheiten im Zuge des Großen und Ganzen nicht haargenau so verfuhr, wie dieser und jener Spezialist es für angemessen hielt, dann kümmerte es ihn wenig. Ihm war es nicht um eine Akribie der Kleinigkeiten zu tun, sondern um eine Deutung der geschichtlichen Welt aus ihrem Gegensatz, aus der Welt als Natur, um eine Darlegung der morphologischen Bedeutungsverwandtschaft von Geschichte und Natur oder besser von Natur und Geschichte. Weltgeschichte, so lehrte er, ist nicht ein in sich fortlaufendes Geschehen, das sich aus mehr oder weniger sinnvoll aneinandergereihten, aufeinander bezogenen, einander bedingenden Abschnitten zusammensetzt, sondern ein Neben- und Nacheinander von in sich abgeschlossenen Geschichts- oder Kulturkreisen, die nichts miteinander zu tun haben. Es gibt nicht *die* Geschichte, sondern nur die Geschichten der verschiedenen Kulturen. Jede Kultur gleicht einer Blume, die emporkeimt, zur Blüte gelangt, welkt und vergeht. Dieser Ablauf, der sich analog dem naturhaften Ablauf von Frühling, Sommer, Herbst und Winter vollzieht, diese Form ist in der Geschichte eines jeden Kulturkreises die gleiche. Jeder hat also eine frühlingshafte »Romanik«, eine sommerliche »Gotik«, ein herbstliches »Barock« und eine winterliche »Zivilisation«. Im Zeichen eines solchen Erblühens, Reifens und Vergehens stehen zwangsläufig alle Einzelerscheinungen aller Einzelkulturen. Wie es unmöglich ist, daß innerhalb einer Kultur auf einen Herbst etwa ein neuer Frühling folgt, so ist auch nicht möglich, daß beispielsweise im Frühling ein Gedanke von herbstlicher Reife gedacht oder ein Gedicht von winterlicher Verlorenheit gesagt wird. Außer der Notwendigkeit von Ursache und Wirkung, die Spengler als die Logik des Raumes bezeichnet, gibt es auch die organische Notwendigkeit des Schicksals, die er die Logik der Zeit nennt. Die antike Staatsform der Polis etwa und die euklidische Geometrie konnten nur zu einem ganz bestimmten Zeitpunkt im Ablauf der antiken Kultur erscheinen, ebenso waren das dynastische Staatsprinzip der Zeit Ludwigs XIV. und die Differentialrechnung oder die kontrapunktische Instrumentalmusik und das wirtschaft-

liche Kreditsystem nur zu ihrer feststehenden
Stunde im Zeitbogen der abendländischen Kultur
denkbar.

Wenn es mit Spenglers morphologischer Betrach-
tungsweise seine Richtigkeit hatte, konnte kein
Zweifel obwalten, daß es mit der abendländischen
Kultur, mit unserer Kultur, zu Ende ging. Sie war
dort angelangt, wo sich die antike Kultur zur Zeit
der römischen Soldatenkaiser befand. Seit dem
Ende des neunzehnten Jahrhunderts breitete sich
bei uns eine letzte Weltstimmung aus, die sich mit
»ethischer Sozialismus« umschreiben ließ. Sie war
vergleichbar mit dem hellenistisch-römischen Sto-
izismus in der Antike seit dem Jahre zweihundert
nach Christus, mit dem Buddhismus der indischen
Kultur seit dem Jahre fünfhundert und mit dem
praktischen Fatalismus der arabischen Kultur seit
dem Jahre tausend nach Christus. Danach kam
nichts mehr. Irgendwo würde eine neue Kultur auf-
zusteigen beginnen. Wir wußten jedenfalls, wie es
um uns bestellt war. Immer vorausgesetzt, daß
Spengler recht hatte. Der Gang der Dinge schien allerdings seine Vision zu bestätigen.

Wer war er denn nun eigentlich, dieser Oswald
Spengler, dessen Ruhm so plötzlich durch die Lande erscholl? Nur ein paar Leute wußten es, und die
schwiegen. Er selbst tat alles, um im Verborgenen
zu bleiben. Und gerade dadurch steigerte er, wahr-

53

scheinlich unabsichtlich, den Absatz seines Werkes. Noch immer hat das Unbekannte stärker auf die Menschen gewirkt als das Bekannte. Es hieß, er bewohne irgendwo in München vier Treppen hoch eine Studentenbude. An seiner Tür sei eine Visitenkarte befestigt, auf der stünde: »Anmeldungen schriftlich. Pakete bei der Hausmeisterin abgeben.« Auch hier derselbe autoritäre Ton wie in seiner Prosa. Je lauter das Geschrei um ihn wurde, um so stiller verhielt er sich. Je dringlicher alle Welt nach ihm verlangte, um so entschiedener wahrte er sein Inkognito. Er wollte durch sein Werk und nicht durch seine Person wirken. Ein Genie der Unnahbarkeit. Um so verblüffter war ich, als eines Tages die Kunde durch München flog, er werde in einer Buchhandlung in der Brienner Straße einen Vortrag halten. Für meinen Freund, den Religionswissenschaftler Joachim Wach, und mich stand sofort fest, daß wir dabei sein würden, möge es kosten, was es wolle. Und wir waren dabei. Wie wir es angestellt hatten, unter den verhältnismäßig Wenigen zu sein, die in die Buchhandlung eingelassen wurden, gehört nicht hierher. Unser Verfahren kann auch nicht zur Nachahmung empfohlen werden. Wir waren, glaube ich, die einzigen Studenten in dieser erlauchten Versammlung. Von der tiefen Nische eines hochgelegenen Fensters aus, in der wir mehr hockten als saßen, hatten wir über ein Büchergestell hinweg einen guten Blick auf den Tisch, an dem Spengler sprechen sollte. Joachim Wach – übrigens mütterlicherseits ein Ururenkel von Felix Mendelssohn-Bartholdy – hatte in unseren Spengler-Diskussionen das zur Rede stehende Buch ziemlich zerpflückt. Er war mir an Scharfsinn und Ausgebreitetheit seiner Kenntnisse weit überlegen. Sein Urteil ließ sich in den Satz zusammenfassen: was an den spenglerschen Thesen zutreffe, sei nicht neu, und was neu sei, treffe nicht zu. Ich hingegen hatte mich der Kühnheit des Buches und der Eleganz seiner Formulierungen nicht verschließen mögen. War diese und jene Behauptung auch nicht haltbar, so hatte das Buch als Ganzes doch etwas von einem Kunstwerk. Und das beglückte mich. Wie mich auch heute noch eine überlegen gestaltete Zusammenschau weitaus mehr fesselt als die Darbietung des Kleinkrams. Ich sehe ein, daß man den Spezialisten für ihre entsagungsvolle Arbeit auf den Knien danken muß, kann aber nicht verschweigen, daß mein Herz denen gehört, die aus dem an sich Sinnlosen etwas Sinnvolles machen, indem sie die kleinen und kleinsten Ergebnisse, die sonst ungeordnet umherliegen würden, als Steine zu einem großartigen Geistesgebäude verwenden und so die auf sie verwandte Arbeit rechtfertigen. Während wir uns noch im Flüsterton darüber unterhielten, Joachim Wach und ich, wie Spengler wohl ausse-

hen werde, wobei der Freund mehr einen Oberleh-
rer-Typ und ich mehr eine faustische Erscheinung
mit einem Zug ins Dämonische erwartete, war er
mit einem Male da. Wenn ich mich nicht irre, ergriff er ohne weiteres das Wort. Dem sich ununterbrochen wiederholenden Zucken seiner Brauen
entsprach die nervöse Art seines Redens, die zwar
weniger Bestimmtheit aufwies, als ich vermutet
hatte, aber immer noch befehlshaberisch genug
klang. Freund Joachim legte seine Rechte auf mein
Knie, tippte mit der linken kurz auf seine Brust und
erhob den Zeigefinger: er hatte es getroffen, Spenglers Kopf konnte einem intelligenten Oberlehrer,
wie man damals sagte, gehören. Ein glattrasiertes
Gesicht, überhöht von einer an den Schläfen etwas
zusammengedrückten Stirn und einem blanken
Schädeldach, die Nase gebogen, rechts und links
von ihr zwei deutliche Falten nach den gesenkten
Mundwinkeln hinunter, geschwungene Lippen, die
eine künstlerische Begabung verrieten, ein sattes
Kinn. Das Ganze beherrscht von den zusammenge-
kniffenen, scharf blickenden Augen. Ich beugte
mich zu dem Freund hinüber und flüsterte: »Oder
ein Bankdirektor.« »Aber ein Bratsche spielender«,
gab er zurück.
Der große Mann ergriff also das Wort. Wenn wir an
seine unvorstellbare Belesenheit dachten, an die
Überfülle von Tatsachen, die er an den entlegen-

sten Orten aufgespürt, zusammengetragen und in überraschende und schockierende Beziehungen gebracht, an die Selbstbewußtheit, mit der er geltende wissenschaftliche Erkenntnisse beiseite geschoben und seine großartigen Anschauungen oder Schauungen an ihre Stelle gesetzt hatte, an den Sendungsglauben, der sich auf jeder dritten, vierten Seite seines Werkes bekundete, dann konnten die Gedanken, die er uns an diesem Abend unterbreitete, in keiner Weise daneben bestehen. Der Vortrag war eine einzige Enttäuschung. Wir hätten jede Herausforderung, jede Rücksichtslosigkeit, ja jeden Größenwahn hingenommen, der Freund und ich, wir hätten sie wahrscheinlich sogar genossen, aber diese Schulweisheit nicht. Wer etwas Außerordentliches erwartet, hat für den Wert des Ordentlichen keinen Sinn. Die Ernüchterung war so durchdringend, daß wir zu argwöhnen begannen, es handele sich bei dem Mann, der da unten redete, gar nicht um Spengler, der Veranstalter sei jemandem aufgesessen, der sich einen geschmacklosen Scherz mit ihm und uns erlaubt habe. Das traf allerdings nicht zu. Immerhin scheint es mir bezeichnend zu sein, daß ich nicht mehr weiß, worüber Spengler eigentlich gesprochen hat. Offenbar hat mein Gedächtnis es nicht für aufbewahrenswert gehalten. Nun steht es freilich so, daß ein junger Mensch, und nun gar ein in seiner Erwartung enttäuschter, schnell mit einem ungerechten Urteil bei der Hand ist. Er neigt dazu, maßlos zu verehren und ebenso maßlos zu verdammen. Darin besteht ja unter anderem seine Jugendlichkeit. Es mag sein, daß ich dem Vortrag, wenn ich ihn heute hören würde, andere Seiten abzugewinnen vermöchte als damals. Vielleicht habe ich, weil ich das nicht hörte, was ich hören wollte, überhaupt nicht gehört. Aber heute würde mir etwas anderes das richtige Aufmerken erschweren, jene Sätze nämlich, mit denen der Prophet des untergehenden Abendlandes sein 1933 erschienenes Buch »Jahre der Entscheidung« einleitet: »Niemand konnte die nationale Umwälzung dieses Jahres mehr herbeisehnen als ich ... Ein großes Ereignis bedarf des wertenden Urteils der Mitmenschen nicht ... Aber das darf heute schon gesagt werden: Der nationale Umsturz von 1933 war etwas Gewaltiges und wird es in den Augen der Zukunft bleiben durch die elementare, überpersönliche Wucht, mit der er sich vollzog, und durch die seelische Disziplin, mit der er vollzogen wurde. Das war preußisch durch und durch ...« Wer so urteilt hat die Ereignisse nicht so gesehen, wie sie waren, sondern so, wie er wünschte, daß sie wären. Ein Verfahren, das einem Geschichtsphilosophen schlecht ansteht. Die Vorbehalte, die er im Verlauf seiner Ausführungen macht, schränken das ebenso summarische wie enthusiastische Urteil zwar ein, heben es aber nicht auf. Später hat Spengler allerdings als der intelligente Skeptiker, der er war, das Dritte Reich und besonders dessen Außenpolitik massiv kritisiert, worin er Ernst Jünger und Gottfried Benn gleicht. Aber da war das Unheil schon nicht mehr aufzuhalten.

Der gewöhnliche Bürger kann mit Nachsicht rechnen, wenn ihm eine ähnliche Fehleinschätzung unterläuft. Er weiß und gibt zu, daß er, wie jeder Mensch, nicht gegen Irrtümer gefeit ist. Wenn sich aber ein Oswald Spengler, der immer wieder einen Unfehlbarkeitsanspruch erhoben und behauptet hat, den Gang der Weltgeschichte vorausbestimmen zu können, an einer so entscheidenden Stelle so entscheidend irrt, dann darf er sich nicht wundern, wenn auch die Stimmigkeit seiner anderen Urteile nachdrücklicher noch als zuvor angezweifelt wird, nicht zuletzt jener, auf die er sein Werk gegründet hat.

Max Reinhardt

Als der alte Herr Fischer noch lebte, war es eine
Lust, Autor seines Verlages zu sein. Eine Lust nicht
nur in literarischer, sondern auch in genießerischer
Hinsicht. Wann immer ein auswärtiger Autor nach
Berlin kam, er war bei Tag und bei Nacht dem gast-
freien Haus in der Erdener Straße willkommen. Im
Mansardengeschoß erwartete ihn ein behagliches
»Dichterstübchen« und in den unteren Räumen er-
lesene Tafel- und Geselligkeitsfreuden. Es erwarteten ihn aber auch die Eintrittskarten für die kulturellen Darbietungen, deren das Berlin der »goldenen« zwanziger Jahre nicht wenige und nicht ge-
ringe vorzuweisen hatte. Man brauchte am Früh-
stückstisch nur anzudeuten, welches Schauspiel,
welchen Film, welche Oper oder welches Konzert
man gern sehen oder hören wollte, dann lag die ent-
sprechende Karte mittags neben dem Gedeck.
Schöner konnte es gar nicht sein. Damals betrachte-
ten sich die Verleger noch nicht als Manager, sondern als Freunde ihrer Autoren. Und trotzdem ver-
dienten sie ihr Geld ...
Auf diese Weise saß ich eines Abends im Großen
Schauspielhaus, in dem Riesenrundbau, den Hans
Poelzig tropfsteinhöhlenartig aus dem ehemaligen
Zirkus Schumann hatte entstehen lassen, auf einem Sessel, der mir sonst unerreichbar gewesen
wäre. Das Ehepaar Fischer hatte eine Loge unmittelbar hinter der etwas tiefer gelegenen von Max

Reinhardt genommen und mich eingeladen, mit
von der Partie zu sein. Die Oper, der wir entgegen-
sahen, »Hoffmanns Erzählungen«, gehörte nicht
gerade zu meinen Lieblingen. Aber in der Presse
war schon seit Tagen von der Faszination der Rein-
hardtschen Inszenierung die Rede gewesen, insbesondere von den Überraschungen, deren man sich
während des zweiten Aktes zu gewärtigen habe.
Und so war ich der Einladung gefolgt und harrte der
kommenden Dinge. Fischers stellten mich über die
niedrige Logenbrüstung hinweg Max Reinhardt
und seinem Bruder vor. Dem kleinen Bruder oblag
es, die künstlerische Arbeit des großen finanziell zu
sichern. Er hielt sich gern im Hintergrund, eine un-
auffällige und bescheidene Erscheinung. Wir wech-
selten ein paar Worte und setzten uns dann wieder.
Alsbald erklang die Ouvertüre, und das Stück nahm
auf der Rundbühne in der Tiefe des Zirkuskessels
seinen Verlauf. Dem wohlwollenden Zwischenbei-
fall war anzumerken, daß die Spendenden sich
nicht vor dem zweiten Akt zu verausgeben gedachten. Und nun hob dieser zweite Akt an, von dem es
geheißen hatte, er werde, was die Regie anlange, der
Höhepunkt des Abends sein. Das Orchester sandte
die im Rudertakt sich wiegende Melodie der Barcarole in den weiten Raum, die sich wohlig an jedes
Ohr schmiegte. Reinhardts Inszenierungseinfall
bestand diesmal darin, daß er die venezianischen

Häuser mit Giuliettas Palast und der zum Kanal
hinunterführenden Freitreppe auf einer Drehbühne
hatte erbauen und die Gondel, in der Hoffmann und
seine Gefährten herangerudert wurden, außerhalb
dieser Bühne hatte aufstellen lassen. Beim Ertönen
der Barcarole begann die Mittelbühne sich langsam
zu drehen, während das schwarze Schiffchen auf
seinem Platz verblieb. Gemäß dem Gesetz der Re-
lativität erblickten die Zuschauer aber das Umgekehrte: die Häuser schienen stillzustehen, indes-
sen die Gondel an ihnen entlangglitt. Eine Illusion,
die durch die im Rhythmus der Musik geschehen-
den Ruderbewegungen des Gondoliere am Heck
noch verstärkt wurde. Die Verzauberung war voll-
kommen. Der Gesang des Chors, die Begleitung,
das traumhafte Venedig und das weiche Dahin-
schweben der Gondola verbanden sich zu einer
atemraubenden Phantasmagorie. Wie das Schiff
mit dem zu einem Schnabel hochgezogenen Bug einer Brücke entgegenglitt, die sich in anmutiger
Wölbung übers Wasser schwang, wurde die große
Treppe sichtbar, auf der Giulietta mit ihrer Gesell-
schaft die Ankommenden erwartete. In Wirklichkeit drehte sich jedoch die Brücke, deren eines Ende
fest mit der Mittelbühne verbunden war, auf die
Gondel zu. Und da geschah es: Die Bühnenarbeiter
hatten in der Hast des Umbaus die Gondel ein paar
Zentimeter zu weit nach innen gerückt, so daß der

Brückenbogen den ragenden Schnabel erfaßte und ihn, da die Maschinerie sich unaufhaltsam weiterdrehte, mitsamt der Gondel hochhob und die Insassen ins nicht vorhandene Wasser schüttete. Unter dem Krachen und Splittern des Holzes, dem Zerreißen der Leinwand und dem Einstürzen der Brücke kam die Bewegung zum Stillstand. Der Gesang starb an seiner Sinnlosigkeit plötzlich dahin. Die Katastrophe war da. Im dunklen Rund des Hauses blieb es totenstill. Wenn die ins Wasser Gefallenen sich auch aufrafften und die Treppe erklommen, wenn der Chor auch, vom Orchester ermuntert, die Melodie wieder aufnahm und das Spiel wohl oder übel weiterging, der Zauber war gebrochen, die einzigartige Szene verpufft, die Arbeit von Monaten durch eine winzige Unachtsamkeit zunichte gemacht. Der Spott und die Schadenfreude würden nicht auf sich warten lassen.

Wie alle andern Zuschauer saß auch ich zunächst wie gelähmt da. Aber dann bewegte und erregte mich etwas anderes. Mein Blick fiel zufällig auf das Gesicht Max Reinhardts. Er kehrte mir sein Profil zu, so daß ich seine Züge erkennen konnte. Und die waren des Ansehens wert. Er hatte die Arme vor der Brust gekreuzt und rührte sich nicht. Auch in seinem Gesicht rührte sich nichts. Wenn in seinem Innern ein heftiger Zorn über die Nachlässigkeit der Bühnenarbeiter tobte, was wahrscheinlich war,

dann ließ er ihn sich jedenfalls nicht anmerken, auch nicht durch das leiseste Zucken einer Wimper. Er wußte, daß die Zuschauer vor allen Dingen die Erinnerung an dies Unglück mit nach Hause nehmen und daß die Zeitungen kein Erbarmen mit ihm haben würden. Den Kleinen verzeiht die Welt, den Großen nicht. Er wußte, daß bei jeder der folgenden Aufführungen das Interesse in erster Hinsicht der Brücke und der Gondel gelten und daß es deshalb unmöglich sein würde, irgend jemanden aus der Realität in die Irrealität der Kunst zu entführen. Und er wußte, daß er mit sich selbst würde ins Gericht gehen müssen, weil er mit zu hohem Einsatz gespielt hatte. Aber sein Gesicht blieb unbewegt. Was nach dem Schluß der Vorstellung zwischen ihm und den Bühnenarbeitern verhandelt worden ist, entzieht sich meiner Kenntnis. Es gehört auch nicht hierher.
Natürlich ist auch mir die Erinnerung an die Katastrophe geblieben. Aber sie verblaßt neben der Erinnerung an das andere Erlebnis. Ich war Zeuge, wie ein Mann aus der Welt des Theaters, in der alle zu ihr Gehörenden dauernd an Leib und Seele überbeansprucht und überreizt sind, wie ein sensitiver, nervöser, ein in der spannungsgeladenen Atmosphäre einer Premiere doppelt sensitiver und nervöser Künstler sich inmitten einer Katastrophe in der Hand behielt. Niemand hätte es ihm verdacht,

wenn er angesichts der umstürzenden Gondel und der zerkrachenden Brücke außer sich geraten wäre. Das ist ja das Mindeste, was in solchem Fall beim Theater zu geschehen pflegt. Er tat es nicht. Und eben dadurch erwies er sich als einer der Großen. In der Regel vermeint ein Künstler –, und nicht nur der Sänger oder Schauspieler – er habe ein Anrecht darauf, sich gehenzulassen, hier und anderswo. Nun verhält es sich zwar so, daß man außerordentliche Persönlichkeiten nur mit außerordentlichen Maßstäben messen darf, mit Maßstäben also, die außerhalb der üblichen Ordnungen liegen, und daß es unbillig wäre, von einem Künstler zu verlangen, er solle sich nur als Künstler und nicht auch als Mensch im Außerordentlichen bewegen, denn beides ist ja nicht voneinander zu trennen. Es fragt sich nur, wie das Außerordentliche sich denn äußert. Weil Mensch und Künstler eine Einheit bilden, bezeugt der außerordentliche Künstler seine Außerordentlichkeit unter anderem darin, daß er auch als Mensch Außerordentliches vollbringt. Zum Beispiel dann, wenn ein Unglück über ihn hereinbricht. Er läßt sich dann nicht in außerordentlichem Maße gehen, sondern nimmt sich in außerordentlichem Maße in Zucht. Sein Künstlertum wird dadurch nicht geringer. Im Gegenteil, es verstärkt sich noch. Die innere Spannung, ohne die er nicht der wäre, der er ist, weil ihre Qual die unerläßliche

Voraussetzung für seine Leistung darstellt, gewinnt durch sein zuchtvolles Verhalten noch an Dynamik und Dramatik.

Ich habe Max Reinhardt oft bewundert, aber nie so tief wie an jenem Abend im Augenblick seiner Niederlage.

Erich Ponto

Am 12. Januar 1937 wurde meine dramatische Ballade »Lilofee« mit der Musik von Ludwig Roselius zugleich in Darmstadt, Dresden, Kassel, Meiningen und Münster uraufgeführt. Dreißig andere Bühnen hatten das Stück für die nächste Spielzeit angenommen. Damals fand ich weiter nichts dabei. Heute würde ich im gleichen Fall anders darüber denken. Das hängt damit zusammen, daß manches, wovon man in der Jugend die Fülle hat, im Alter Mangelware wird.

Wir beschlossen, Ludwig Roselius und ich, uns die Dresdener Uraufführung anzusehen. Dort hatte Erich Ponto die Rolle des Smolk von Brake übernommen, dieser elementarischen Spukgestalt, die das Verlockende der Wassertiefe verkörperte. Und das gab den Ausschlag.

Rudolf Schröder, der Direktor des Staatlichen Schauspielhauses, holte uns vom Hotel ab und brachte uns durch den Hintereingang seines Theaters in die Intendantenloge. Als wir über die Bühne gingen, trat eine Frau auf uns zu und bespützte unter Toi-toi-toi-Gemurmel unsere Rockaufschläge mit etwas Feuchtigkeit. Das bringe Glück, fügte sie beim Anblick meines betroffenen Gesichtes flüsternd hinzu, sie sei die Souffleuse. »Aha«, sagte ich, »vielen Dank!« Roselius verzog keine Miene, er war von den Aufführungen seiner Opern her an dergleichen gewohnt, wie er sich auch weiterhin den Anforderungen einer Uraufführung durchaus gewachsen zeigte. Ich merkte das schon an der sicheren Art, mit der er sich in der Loge niederließ und ruhigen Blickes das bunte und glitzernde Gewirr im Zuschauerraum musterte, während mich der Gedanke, mein in jugendlicher Unbekümmertheit nur so hingeworfenes Stück müsse die erwartungsvollen Zuschauer enttäuschen, so bedrückte, daß ich mich in die hinterste Logenecke zurückzog. Erst als es dunkel geworden war, wagte ich mich an die Brüstung vor. Der angestrahlte Vorhang teilte sich ein wenig, und hervor trat Erich Ponto als Smolk von Brake, angetan mit einem bäuerlichen Abendmahlsrock und den dazu gehörenden Hosen. Unter dem altmodischen Zylinder hingen ihm ein paar Haarsträhnen in das düstere Gesicht. Nachdem er sich seine Viola d'amore unter den Arm geklemmt hatte, machte er eine schwerfällige Verbeugung und begann:

»Der Saal hat sich verdunkelt, Musik erklingt, der Widerschein des Rampenlichts fliegt am Vorhang empor, eine schauspielerische Person tritt vor Sie hin. Sie atmen auf, Damen und Herren, endlich scheint das Stück ja anfangen zu wollen . . .«

Mich überlief's. Und je länger der Mann vor dem Vorhang sprach, um so durchdringender wurde das

Erschauern. Stammten diese Sätze wirklich von
mir? Sie bekamen in seinem Munde etwas Frem-
des, Gespenstisches, Beunruhigendes und doch
wieder merkwürdig Einlullendes. Wenn es so wei-
tergeht, dachte ich, wird es ein wunderbarer Abend,
nicht meines Stückes, sondern Pontos wegen, ein
Abend, wie Smolk es ausdrückte, voller Gelächter,
Traurigkeit, Gesang und Traum. Und als dann die
unirdischen Streicherklänge aus dem Orchester
aufstiegen und Herr Smolk mit seiner Ballade von
der versunkenen Brigg »Standhaftigkeit«, deren
Kartenhaus mit den Vorhängen aus Tang und Gras
sein Königsgelaß sei, halb sprechend, halb singend
in sie einfiel, da dachten es die Menschen, die in der
Nacht des Zuschauerraums den Atem anhielten,
ebenfalls. Aber Herr Smolk fuhr fort zu singen:

»Und manchmal auf meinem Instrument
ich spiele mir etwas vor.
Mein Haupt viel Weisheit und Lieder kennt,
sie klingen durchs Wasser empor.

Und wer das Wasser erklingen hört,
das Tier steht still in der Nacht,
der Mensch in Bangigkeit sich verzehrt,
der Baum rauscht auf so sacht.

Ich weiß ein Mädchen freundlich und blaß,
kommt oft ans Ufer zu mir.
Ich wollte, sie käme in mein Gelaß,
ich wollte, sie schliefe hier.«

Und dann vollzog sich unaufhaltsam das Geschick
der schönen, jungen Lilofee, die sich in ihrer Le-
bensscheu und in ihrem Verlangen nach den von
goldenen Lichtern durchwehten Dämmerungen
der Wassertiefe dem violaspielenden Herrn Smolk
von Brake in der Stube ihrer Mutter anverlobt und
unmittelbar danach in der Begegnung mit dem un-
getreuen-getreuen Seemann Friedolin vom Blitz-
schlag der Liebe getroffen wird, ihre Seligkeit und
ihren Jammer erfährt und schließlich erkennen
muß:

»Er hat wohl recht, wenn er uns sagt,
daß keine Tat alleine bleibt,
daß eins das andre weitertreibt,
ob auch der Mensch aufweint und klagt.«

Wie vortrefflich die anderen Schauspieler ihre Sache auch machten, immer wieder war es Erich Ponto, er vor allem, der durch sein beschwörendes Spiel
das Geschehen in die Welt hinter den Dingen hob.
Unheimlich die Selbstverständlichkeit, mit der er
als Spukwesen unter den Menschen umherging,

mit ihnen sprach und doch keinen Zweifel an der Unwirklichkeit seiner Wirklichkeit ließ. Die Macht seiner Ausstrahlung war so groß, daß sie auch dann wirkte, wenn er nichts sagte und sich nicht bewegte. Sein bloßes Dasein schlug jeden in seinen Bann. Waren bei meinem Text noch Zweifel möglich, ob es glaubhaft sei, daß sich ein so schönes, junges Menschenkind mit einem aberalten Wassermann einlassen werde, so konnten solche Bedenken angesichts dieses Smolks überhaupt nicht aufkommen. Wie hätte die arme Lilofee in ihrer Verzweiflung einer so überwältigenden Dämonie zu widerstehen vermocht? Alles, was Herr Smolk, dieser pontosche Smolk sagte und tat, war von einer hintergründigen Ruhe und Schicksalhaftigkeit, der gegenüber sich weder das Mädchen Lilofee noch sonst jemand behaupten konnte. Man hatte mir erzählt, daß Ponto durch eine Beschädigung seiner Wirbelsäule gezwungen sei, eine Art Stützkorsett aus stählernen Spangen zu tragen. Offensichtlich war es dem unaufhörlichen Kampf mit dieser Behinderung zu danken, daß jede seiner Bewegungen etwas Notwendiges, Gesammeltes und deshalb Zwingendes hatte. Ein Künstler sieht sich ja immer erst dann zu einer äußersten Leistung genötigt, wenn ihm das Material, mit dem er arbeitet, Widerstand entgegensetzt, je stärker, um so besser. Das »Material« eines Schauspielers ist sein Leib

mit allem, was dazu gehört. Es genügt nicht, daß er
eine Rolle lebt, er muß sie auch leiben. Die schwei-
gende Macht des Wassers, das rätselhaft Ziehende,
das Erlösung Verheißende, das in der tödlichen Be-
drohung lebt – Ponto wußte darum und verwandelte sein Wissen in leibhafte Gestalt. Die Wellen des
Grauens und der Bewunderung, die mich durch-
schauerten, hörten nicht auf. Ich bereute es wahrhaftig nicht, nach Dresden gekommen zu sein.
Als sich der Vorhang nach dem letzten Bild zum ersten Mal schloß, holte Schröder den Komponisten
und mich auf die Bühne. Ich stolperte ins Rampen-
licht hinaus und verneigte mich beim Auseinan-
dergleiten des Vorhangs in der Richtung, aus der
das Beifallsgerassel heraufdrang. Die Scheinwerfer
blendeten mich so, daß ich nicht sehen konnte, deshalb verneigte ich mich noch, als der Vorhang sich
längst wieder geschlossen hatte. »Fräcke weg!« rief
Schröder, der die Vorhang-Regie führte. »Lilofee
raus!« Mit den »Fräcken« meinte er Roselius und
mich, obwohl wir keine trugen. »Smolk raus!« Ein
Beifallssturm erhob sich unten. »Alles raus, was
Beine hat!« – »Der Neger allein!« Freundliches Gelächter im Zuschauerraum. »Lilofee und die Mutter! Wo ist Frau David? Los, Kinder!« – »Der Dichter allein!« – »Der Komponist allein!« – Unaufhör-
lich öffnete und schloß sich der Vorhang – »Kulle
und Rosa!« – »Caddy allein!« – »Alle Seeleute!«

Ich wartete darauf, daß ich mit Smolk, der in der jenseitigen Kulisse stand, aufgerufen würde, weil ich ihm gern vor aller Welt gedankt hätte. Aber es geschah nicht. Und als ich endlich die Sache selbst in die Hand nahm und bei geschlossenem Vorhang zu ihm hinüberlief, um ihn auf die Bühne zu ziehen, war es schon zu spät, der Vorhang öffnete sich nicht mehr. Aus der Nähe sah Pontos dunkelgrün geschminktes Gesicht mit den hängenden Haarsträhnen wahrhaft zum Fürchten aus. Ich schüttelte ihm und den andern, einschließlich der spützenden Souffleuse die Hand. Die Angespanntheit wich, eine freudige Gelöstheit breitete sich aus. Nocheinmal erhob Schröder seine Stimme: »Wir treffen uns nachher im ›Bellevue‹.« Ich wollte mich wieder Ponto zuwenden, aber er war schon verschwunden. Als ich mich der festlich gestimmten Runde zugesellte, die sich im Hotel »Bellevue« zusammengefunden hatte, schien Ponto noch nicht anwesend zu sein. Ich ließ meine Augen vergeblich umherschweifen. So setzte ich mich denn neben einen blassen, etwas zusammengesunkenen Herrn, in dem ich einen Angestellten der Verwaltung vermutete. Er rückte bereitwillig zur Seite, räusperte sich und schwieg. Da auch mir nicht eben zum Reden zumute war, saßen wir, während um uns herum erzählt und gelacht wurde, eine Weile wortlos nebeneinander. Jedesmal, wenn die Tür sich öffnete, hoffte ich, der Eintretende werde Ponto sein. Es war jedoch nie der Fall. Als mein Nachbar sich wieder einmal anschickte, sein Glas zum Munde zu führen, hielt er auf halbem Wege inne, sah mich von der Seite an und sagte leise: »Wenn die Betreffenden im Zuschauerraum in der Lage wären, zu begreifen, was es eigentlich mit Ihrem Stück auf sich hat, dann würden Sie heute nacht noch abgeholt und wir auch.«

»Wie meinen Sie das?«

Er dämpfte seine Stimme noch mehr: »Wir leben immerhin im Jahre 1937. Und da dürfte ein Ausspruch wie ›Je mehr ein Mensch sich im Unrecht fühlt, um so geschwinder ist er mit der Gewalt bei der Hand‹ den Gewaltsüchtigen etwas merkwürdig in den Ohren klingen. Gar nicht zu reden von den Versen:

›Willst du dich wirklich so wild gebärden?
Ich glaube, mit Gewalt und Macht
ist noch kein kleinstes Ding auf Erden
zu einem guten Ende gebracht.‹

Ihr Stück stellt durch seine ganze Art, durch . . . ja, durch seine ganze Art einen Protest des Geistes gegen den Ungeist dar, der die Stunde regiert. Zum Wohl!«

»Ich muß Ihnen aber gestehen – zum Wohl! –, daß

ich es nicht in dieser Absicht geschrieben habe. Überhaupt nicht. Ich habe überhaupt nichts damit beabsichtigt.«

»Trotzdem verhält es sich so.« Er richtete sich auf, atmete aus und sank wieder in sich zusammen. »Absicht . . . nun ja, die Absicht ist des Künstlers schwächster Teil. Es kommt weniger auf die Absicht des Künstlers als auf die Absicht oder richtiger auf den Willen des Kunstwerks an. In dem Kunstwerk lebt tatsächlich, während es entsteht, so etwas wie ein traumwandlerischer Wille, der über den Willen des Künstlers hinausgeht. Die Griechen haben das in der Sage vom Pygmalion ausgedrückt. Das Kunstwerk wächst dem Künstler, ohne daß er es merkt, über den Kopf. Infolgedessen weiß das fertige Kunstwerk – ich lasse es dahingestellt sein, ob ein Kunstwerk jemals fertig ist – weiß das fertige Kunstwerk mehr als sein Schöpfer. Das ist eine so merkwürdige Sache, daß man meinen könnte, es habe noch ein . . . ein Anderer seine Finger dazwischen. Jedenfalls verdient nur jemand, dessen Wollen und Wissen vom Wollen und Wissen seines Werkes übertroffen wird, den Namen eines Künstlers. Die andern sind und bleiben die Handwerker. Nichts gegen die Handwerker. Aber wir sprechen ja vom Künstler. Unter den Künstlern müßte eigentlich der Schauspieler am ehesten etwas vom Wollen und Wissen des Kunstwerks ahnen, weil er ja nicht nur erschaffender Künstler, sondern auch erschaffenes Kunstwerk, weil er Schöpfer und Geschöpf in einer, in seiner Person ist. Aber lassen wir das! Ich glaube jedenfalls, und davon sind wir ja ausgegangen, daß jedes so beschaffene, so erschaffene Kunstwerk teilhat an der Wahrheit und deshalb durch sein bloßes Vorhandensein im Kampf steht gegen alle Lüge und Schändung in der Welt.«

Damit dürfe er aber, wandte ich ein, einem Künstler nicht kommen. Denn wenn er, der Künstler, anfinge, über diese schwierige Bewandtnis nachzudenken, laufe er Gefahr, den letzten Rest von Unschuld zu verlieren, der ihm allenfalls noch geblieben sei. Und dann bringe er überhaupt nichts mehr zustande.

Er ließ sich mit seiner Antwort Zeit. Als er wieder begann, sprach er mehr zu dem Glas, mit dem er spielte, als zu mir: »Ich halte viel vom Nachdenken. Aber an diese Sache komme ich mit dem Nachdenken nicht heran. Sie hat ihr wunderliches Wesen in Tiefen und Dunkelheiten, in die das Licht des Denkens nicht hinabreicht. Nähme man einmal alles zusammen, was die klügsten Menschen, auch die Künstler selbst, über Kunst und Kunstwerke geschrieben haben, und stelle dem ein einziges Kunstwerk, ein Bild, ein Gedicht, ein Musikstück, gegenüber, dann würde die Unzulänglichkeit des

Gedachten und Geschriebenen erschreckend offenbar werden. Denn das Kunstwerk hat, was das Gedachte nicht hat und auch nicht haben kann und auch, weil es ja das Gedachte ist, nicht haben will, das Kunstwerk hat das Geheimnis. Ich will es einmal so nennen, Geheimnis.« Er blickte auf: »Oder wissen Sie ein besseres Wort dafür?«

»Und doch«, sagte ich, »geht es nicht ohne das Denken und das Wissen und das Können, das aus dem Wissen kommt. Ein dramatisches Werk etwa muß weithin gewußt werden.«

»Bestreite ich nicht. Das heißt, zur Not geht es auch ohne das. Wie dem auch sei« – er hielt mir sein Glas entgegen und sah mich voll an –, »ich trinke auf das Geheimnis der ›Lilofee‹.«

Unsere Gläser berührten sich.

Ich sagte, vielleicht hieße das Geheimnis der »Lilofee« ganz einfach Erich Ponto.

Er warf den Kopf ein bißchen zurück und ließ ein kleines Lachen durch die Nase hören. Dann trank er sein Glas leer.

»Unzählige Male«, sagte ich, »hat er den Text mit seinem Wort und seiner Gebärde überhöht, nein, nicht überhöht, hat er ihn vollendet, erfüllt, zu dem gemacht, was er sein wollte, aber nicht war.«

»Wann?«

»Ach, immer wieder.«

»Zum Beispiel?«

»Zum Beispiel im letzten Bild, wenn er mit Lilofee, die sich für ihn und nicht für Friedolin entschieden hat, sich für ihn hat entscheiden müssen, weil ihr Kindchen unten nach ihr weint, wenn er mit ihr an dem geschlagenen und vernichteten Friedolin vorübergeht, läßt er sie los und verneigt sich langsam und tief vor ihm. Ich wußte sofort: ja, das ist es, diese Verneigung gibt dem Augenblick erst seinen großen Sinn: der Überwinder verneigt sich vor dem Überwundenen, so muß es sein. Aber ich habe sie nicht vorgeschrieben, diese Verneigung. Sie ist Pontos Werk.«

Er lachte abermals durch die Nase: »Sie ist keineswegs Pontos Werk. Aber sie ist auch nicht Ihr Werk. Und trotzdem steht sie im Buch.«

»Nein.«

»Sehen Sie nur nach! Sie wissen es nicht mehr, weil Sie es nie gewußt haben. Aber das Werk hat es gewußt, das Werk war wissender als Sie. So habe ich es vorhin gemeint.«

»Sind Sie sicher, daß die Anweisung im Buch steht?«

»Ziemlich.«

»So etwas!« Ich lehnte mich auf meinem Stuhl zurück. »Jetzt bedaure ich es noch mehr, daß Herr Ponto nicht hier ist.«

»Ponto?«

»Er könnte es uns genau sagen.«

»Aber ich bin doch Ponto. Verzeihung, ich dachte, Sie wüßten es.«

Ich starrte ihn an.

Seine Rechte macht eine ärgerliche Bewegung. »Natürlich hätte ich daran denken müssen, daß ich auf der Bühne anders aussehe als hier.«

Ich raffte mich auf und erhob mein Glas: »Herr Ponto, Ihr Spiel hat mich . . .«

Er zog meinen Arm so heftig herunter, daß mein Wein überschwappte: »Verzeihung, aber lassen Sie uns von etwas anderem reden.«

»Schade«, sagte ich und wischte die Tropfen von meiner Jacke.

Wilhelm Kempff

Als der Wahnsinn des zweiten Weltkriegs zu Ende
ging und die Deutschen noch halb betäubt aus den
rauchenden Trümmern ihrer Städte hervorkro-
chen, stellte sich heraus, daß sie ebensosehr wie
nach des Leibes Notdurft und Nahrung, wenn nicht
mehr noch, nach Musik, Theater, Dichterlesungen,
Kunstausstellungen und Vorträgen lechzten. Auch
die bitterste Not und die entsetzlichsten Greuel
hatten die seelischen und geistigen Kräfte nicht zu
ersticken vermocht. In Kellergewölben, in halb zer-
störten, ungeheizten Räumen, deren Fenster mit
Brettern vernagelt waren, deren Decken den Regen
durchließen, erlebten die Menschen, auf Bänken,
auf Treppen, auf dem Boden hockend, in Dankbarkeit und Hingerissenheit die künstlerischen Darbietungen, die ihnen die Höhen und Tiefen des Daseins offenbarten. Ihnen war ähnlich zu Sinne wie
einem Kranken, der sich nach langem Darniederlie-
gen zum ersten Male wieder ins Freie wagen darf
und vermeint, in den morgendlichen Schöpfungs-
tag hinauszutreten, in dem jede Blume, jeder Baum,
jede Wolke von einem nie zuvor gesehenen Leuch-
ten umweht ist. Heute will es mir so vorkommen,
als hätten die späteren Veranstaltungen nie wieder
eine solche Durchgeistigung, Dichte und Gesam-
meltheit erreicht wie die damaligen. Die Aufma-
chung, der technische Apparat, das Äußerliche war,
da es an allem und jedem fehlte, auf ein Mindest-

maß beschränkt, wenn es nicht überhaupt wegfiel.
So konnten und mußten sich die schöpferischen
Kräfte auf das Eigentliche richten. Wie ja auch die
Schauenden und Hörenden durchaus der Sache wegen kamen und nicht durch die Ausstattung und
dergleichen abgelenkt werden wollten. Das Her-
vorbringen und das Hinnehmen von Kunst wurde
noch als etwas Notwendiges, die Not Wendendes
empfunden und nicht als ein Zierat, der sein oder
auch nicht sein konnte.

Wir lebten damals in dem nordöstlich von Bremen
am Rande des Teufelsmoores gelegenen Künstler-
dorf Worpswede, das von den unmittelbaren Ein-
wirkungen des Krieges kaum etwas zu spüren be-
kommen hatte. Das kulturelle Leben war allerdings auch hier schwächer und schwächer geworden und schließlich ganz zum Erliegen gekommen.
Aber als der furchtbare Druck endlich wich, der erst
durch die Unmenschlichkeiten des Dritten Reiches und dann durch die Hölle des Krieges auf allen
gelastet hatte, holte auch Worpswede tief Atem
und ließ es sich angelegen sein, wieder sich selbst
zu verwirklichen. Die entsprechenden Räume waren ja unversehrt geblieben, insbesondere der von
Bernhard Hötger erbaute Rundsaal der Großen
Kunstschau, der förmlich dazu einlud, in ihm nicht
nur Bilder und Plastiken zu zeigen, sondern auch
Konzerte, Dichterlesungen und Vorträge zu impro-

visieren. Diesem Umstand und der freundschaftli-
chen Verbundenheit einiger Worpsweder mit den
geistigen Größen war es zu verdanken, daß am Rande des Teufelsmoores früher als anderswo Veranstaltungen von hohem, ja höchstem Rang stattfan-
den. Die Finanzierung machte keine Schwierigkeiten, denn die Eingeladenen hatten ihre Freude und
ihr Genüge an der kundigen Teilnahme der Künstler, an der Freiheit, an der Freundschaft. Die meisten Abende standen, wie Notzeiten es mit sich
bringen, im Zeichen der Überraschungen. Auch das
kann ja seinen Reiz haben. Ich erinnere mich an ein
abendliches Konzert, das im Garten unter blühen-
den Apfelbäumen vor sich gehen mußte, weil das
gastgebende Haus mit Vertriebenen belegt war. Das
Scheck-Wenzinger Quartett spielte beim Schein
von Windlichtern Werke alter Meister auf Instru-
menten ihrer Zeit. Als eingangs eine Suite von Bach
erklang, begannen die Vögel sich in den dunklen
Gebüschen ringsum mit ihren Stimmen zu rühren,
zuerst nur zaghaft, dann aber deutlicher und voller,
allen voran mit dem weichen Wohllaut ihrer Ton-
folgen die Singdrossel. Und das Merkwürdige war,
daß wir den Gesang nicht als eine Störung empfan-
den. Er gehörte einfach dazu. Wir lauschten erhei-
tert und beglückt dem Einklang von Kunst und Natur. Wie wunderbar würde es aber erst werden,
dachten wir, wenn das Mozartsche Divertimento,

das als nächstes auf dem Programm stand, an die Reihe käme. Doch als es so weit war, blieb es in den Gebüschen still. Ein Rotkehlchen versuchte einen zaghaften Triller, verstummte aber gleich wieder, weil niemand einfiel. Die Stille dauerte bis zum Schluß an. Ich hätte eher das Umgekehrte erwartet: bei Bach ehrfürchtiges Schweigen, bei Mozart freudiges Mittun. Aber nein, die Vögel regten sich nicht, bei Mozart nicht. Vielleicht mußten sie, wie wir, den Atem anhalten bei so viel weltverlorener Seligkeit.

Ein anderes, ebenso unvorhersehbares Ereignis hob den Klavierabend von Wilhelm Kempff, der zum Höhepunkt der Worpsweder Nachkriegsveranstaltungen wurde, in den Bereich des Mysteriums. Ich begegnete Kempff zum ersten Male. Seine Erscheinung versprach auf jeden Fall eine erregende Stunde. Auf den breiten Schultern saß ein Kopf, dessen volles, in der Mitte etwas lichteres Haar eine hohe edel durchgeformte Stirn freigab. Die Kühnheit der gebogenen Nase beeindruckte mich nicht weniger als die Kraft des breiten Kinns. Im Gegensatz, aber nicht eigentlich im Widerspruch, dazu standen die Augen, deren Blick mehr nach innen als nach außen ging, und der sinnenhafte, empfindsam gebildete Mund. Ein Gesicht, das auf beträchtliche innere Spannungen schließen ließ. Wo Spannungen sind, da regt sich in der Regel auch ein Schöpfer-

tum. Wie würde dieser Mann Johann Sebastian
Bachs »Aria mit verschiedenen Veränderungen
vors Clavicimbel mit zwei Manualen«, die sogenannten Goldberg-Variationen, angehen, die er
nach seiner Gewohnheit als einziges Stück auf das
Programm gesetzt hatte? Er wollte sie, was bezeichnend für ihn war, aber nicht auf einem Cembalo,
sondern auf seinem Instrument, dem modernen
Flügel, spielen. Wenn auch manches für die Behauptung spricht, Bach habe in einigen seiner Werke, so auch in den Goldberg-Variationen, die dyna-
mischen und klanglichen Möglichkeiten des Flügels bereits vorausgeahnt, man könne sie also ohne
weiteres auf ihn übertragen, ja man gebe ihnen dadurch erst die Gestalt, die der Komponist im Ohr
gehabt habe, so ist sie doch nicht beweisbar. Bisher
hatte ich die dreißig Variationen nur auf dem Cembalo gehört und war damit einverstanden gewesen.
Und nun drangen sie mit so ganz anderen Tönen
und Formungen auf mich ein. Beim Erklingen der
zarten Aria, deren Harmonienfolge den Variationen
zu Grunde liegt, war mir fast, als hätte ich sie noch
nie vernommen. Auch während der dann folgenden
Veränderungen mußte ich unwillkürlich die run-
den, farbigen Töne des Flügels mit dem durchsich-
tigen Geglitzer des Cembalos vergleichen, das ich
nicht vergessen konnte. Aber nach und nach verzauberte mich die durchdachte Art, mit der Kempff

in genau abgestuften Erhellungen und Verdunklun-
gen, in kaum wahrnehmbaren Steigerungen und
Minderungen des Tempos und in atmenden Ruba-
tos auf die verborgenen Schönheiten jeder einzel-
nen Variation hinwies und sie deutete, nach und
nach verzauberte mich die Souveränität seines Vortrags dermaßen, daß ich von der siebten Variation
an, dem Siziliano, dessen Wiederholung er durch
vorsichtiges Zurücknehmen mit einem goldenen
Schatten überhauchte, keine Vergleiche mehr an-
stellte, sondern mich ganz der ungemeinen Faszination dieses Spiels überließ. Aber das war nur der
Anfang. Das Eigentliche sollte noch kommen.
Als Kempff über die in jeder dritten Variation er-
scheinenden Kanons, über Ouvertüre, Tokkata und
Fughetta und über die da und dort anklingenden alten Tanzformen in der Mitte der vierundzwanzig-
sten Variation, dem »Canone all' Ottava«, angelangt war, erlosch das Licht. Mit dergleichen mußte
man in jenen Tagen rechnen. Aber der Meister
spielte, als sei nichts geschehen, in der Finsternis
weiter. Der Triller, der den zweiten Teil einleitet,
perlte dahin, der um acht Stufen höhere folgte zwei
Takte später, im Baß tauchte das Thema in verän-
derter Färbung wieder auf und tanzte mit anmutig
sich wiegenden, verhaltenden und sich weiterwie-
genden Schritten vorüber. Da die Augen nichts
sahen, waren nur noch die sich suchenden

und sich wieder lassenden Klangfolgen vorhanden. Ich fühlte meinen Körper nicht mehr. Alle Schwere schien aufgehoben zu sein. Wo war oben und wo unten in dieser Nacht? Woher kamen die Töne überhaupt? Sie entstanden irgendwo, reiner, unirdischer noch als vorher, reihten sich zu eigentümlichen Ordnungen aneinander, eilten vorüber und vergingen. Schweigen.

Immer noch Schweigen.

Da hob in der schweigenden Dunkelheit die fünfundzwanzigste Variation an. Aus einer polyphonen Verhülltheit in g-Moll löste sich eine schüchterne Stimme, verstummte und stieg von neuem auf, eine angsterfüllte Stimme, die nach dem Leid der Welt fragte. Sie wandte sich, als niemand ihr antwortete, in ihrer Verstörtheit dahin und dorthin, wurde drängender, wurde schmerzvoller, wurde verzweifelter und immer verzweifelter, es hörte sich an, als hätte sie alle Fragen, die je gefragt worden waren und keine Antwort erhalten hatten, alle Sehnsüchte, die sich ins Leere gesehnt hatten, alle Hoffnungen, die zuschanden geworden waren, in sich aufgenommen. Die fragende Stimme wurde zur klagenden. Und während sie klagend umherirrte, glaubte ich zu fühlen, daß die Finsternis über mir sich mehr und mehr zur Weltraumfinsternis weitere. Ein Schwindel überkam mich. In namenlosen Fernen flammten Sonnen auf, öffneten

Milchstraßen ihre Spiralen, verdämmerten Ster-
nennebel. Und die Stimme irrte in der ungeheueren
Einsamkeit umher und sandte immer wieder ihren
angstvollen Ruf durch die Nacht. Da fuhr ein Rau-
schen heran, das alles einsaugte, die Sonnen, die
Milchstraßen und die Nebel. Es riß auch die Stimme mit sich fort und glitt in unaufhaltsam fallenden Wellen hinab, noch tiefer hinab, noch tiefer
und noch tiefer bis zum kleinen fis und g. Ein er-
sticktes Jammern noch. Dann war es vorbei.
Ich rührte mich nicht, auch die andern rührten sich
nicht. Was war das gewesen? Undenkbar, daß ein
menschliches Haupt diese erschütternde Klage er-
sonnen hatte. Und gleichermaßen undenkbar, daß
ein Mensch sie so hilflos und flehend unter seinen
Händen hatte aufweinen lassen. Undenkbar dies alles. Eine unheimliche Variation. Die fremdeste und
kühnste von allen. Sie hatte sich bis an die Grenzen
des Tonalen vorgetastet. Ich konnte nicht von ihr
loskommen. Auch dann noch nicht, als gegen Ende
der sechsundzwanzigsten das Licht aufzuckte, erlosch, abermals aufzuckte und blieb, so daß ich den
Mann wieder erblickte, dessen Spiel mich so ge-
packt hatte. Er saß mit strengem Gesicht vor dem
Flügel und ließ seine Finger wirbeln, streicheln und
zustoßen. Die Weltallsnacht war gewichen. Klänge
funkelten, Tonreihen stampften. Läufe hasteten
hintereinanderher bis hin zur dreißigsten Varia-

tion, in der die Saiten des Flügels anstelle des fälligen »Canone alla Decima« ein turbulentes Quodlibet sangen. Als sie geendet hatten, schwebte nach einer kurzen Besinnung mit zögerndem Beginnen die Eingangsaria, deren Melodie aus Anna Magdalena Bachs Notenbüchlein stammt, in ergreifender Unschuld noch einmal auf, verziert mit Glöckchen und Vorschlagsperlen, ein Zeichen der Geborgenheit, eine Antwort aus einer bewahrten Welt auf die Frage der fünfundzwanzigsten Variation. Sie schwebte empor, blieb eine Weile und verging. Sie auch.

Wilhelm Kempff erhob sich und stand, während unsere Hände sich ihm beifallklatschend entgegenstreckten, mit erschöpften Augen in jener Verlassenheit da, die keinem Künstler erspart bleibt, wenn er sein Werk vollbracht hat.

Peter Suhrkamp

Wir saßen, meine Frau und ich, beim Nachmittags-
kaffee oder bei dem, was man damals, kurz nach
dem Ende des Zweiten Weltkrieges, Kaffee nannte,
als jemand an die Zimmertür klopfte. Ich rief »Herein!« und stand auf, um zu öffnen. Aber ehe ich
dazu kam, schob sich, gestützt auf zwei Stöcke,
eine gespenstige Gestalt herein: ein ausgemergelter
Greis mit tiefliegenden Augen in dem grauen Gesicht, dem ein paar bleiche Haarsträhnen über die
Ohren hingen. Ich stutzte und stammelte dann:
»Suhrkamp!« Er sah mich schweigend an, nickte,
ohne die Augen von mir zu lassen, kaum merklich
und sagte dann mit seiner gaumigen, jetzt etwas ge-
brochenen Stimme: »Ja, Hausmann, so ist das.«
Zwischen unserer letzten Begegnung in Berlin – sie
muß im Jahre 1943 stattgefunden haben – und dieser Stunde war einiges geschehen in der Welt und in
Suhrkamps Leben. Ich hatte ihn anfangs der dreißi-
ger Jahre mit dem alten Herrn Fischer zusammen-
gebracht. Und die beiden, der jüdische Verleger, der
eine untrügliche Witterung für die kommende Literatur besaß, und der grüblerische, eigenwillige Bau-
ernsproß aus dem Oldenburgischen, fanden, wie
ich es gehofft hatte, Gefallen aneinander. Alsbald
arbeitete Suhrkamp im Verlagslektorat und in der
Redaktion der »Neuen Rundschau« mit, übernahm
dann die Leitung der Zeitschrift, wurde noch zu
Lebzeiten S. Fischers, der im November 1934 starb,

Verlagsdirektor und sah sich schließlich, nach der Emigration der Familie Fischer, genötigt, das ganze Verlagsunternehmen treuhänderisch zu verwalten. Der nationalsozialistische Staat bekundete sogleich ein erhebliches Interesse an dem weltbekannten Haus. Aber Suhrkamp wehrte den Zugriff, der sich auf eine Verordnung zur Arisierung jüdischer Firmen stützte, dadurch ab, daß er den Verlag in eine Kommanditgesellschaft mit »einwandfreien« Kommanditisten verwandelte. Darüber hinaus brachte er es sogar fertig, die Familie Fischer mit Hilfe der Kommanditisten auf die anständigste Weise zu entschädigen. Das hatte Goebbels ihm nicht vergessen. Obwohl Staat und Partei im Grunde tun und lassen konnten, was ihnen beliebte, waren sie zunächst noch darauf bedacht, ihre Raubzüge hinter einem Schleier des Rechts zu veranstalten. Sie wären durchaus in der Lage gewesen, sich den Verlag durch irgendein Dekret anzueignen. Wer hätte sie daran hindern können? Aber sie taten es nicht. Vielleicht hatten sie damals noch so etwas wie ein Gewissen, das sie durch solche Verschleierungen zu beschwichtigen suchten. Außer dem Propagandaministerium waren noch die Reichsstelle zum Schutz des deutschen Schrifttums, die Himmlersche SS und die Bormannsche Parteikanzlei bemüht, den Verlag unter diesen und jenen Vorwänden in ihre Gewalt zu bringen. Sie alle hatten

aber nicht mit Suhrkamps diplomatischer Ge-
schicklichkeit und den vielfältigen Verbindungen
gerechnet, über die er durch seinen Freund und Be-
rater Dr. Wilhelm Ahlmann, den seit 1916 erblin-
deten Mitinhaber des gleichnamigen Kieler Bank-
hauses, verfügte. Von Ahlmann, dessen lauterer
Natur das nationalsozialistische Unwesen in der
Seele zuwider war, erfuhr Suhrkamp jeweils recht-
zeitig, was die andere Seite plante, so daß er seine
Gegenmaßnahmen treffen konnte, mit denen er
fast immer Erfolg hatte. Da ließ sich im Oktober
des Jahres 1943 ein Dr. Reckzeh, allerdings nicht
unter diesem Namen, bei ihm melden. Er gab vor,
ein Bewunderer Suhrkamps und ein Freund des in
der Schweiz lebenden Verlagsautors Hermann Hesse zu sein, und erbot sich, Briefe an Hesse, die Suhrkamp der Post nicht anvertrauen könne, zu beför-
dern. Ihm als einem Schweizer Bürger sei das ohne
weiteres möglich. Außerdem schlug er vor, den
Verlag als eine Verbindungsstelle zwischen einem
(in Wirklichkeit nicht existierenden) Kreis von Persönlichkeiten im Reich und dem gleichfalls in der
Schweiz lebenden ehemaligen Reichskanzler Dr.
Wirth zu benutzen mit dem Ziel, Hitler zu stürzen
und Wirth zu seinem Nachfolger zu machen. Natürlich ging Suhrkamp nicht darauf ein. Er hielt den
Mann für einen Phantasten und nahm den Vorschlag nicht ernst. Das erwies sich als ein schreck-

licher Fehler. Dieser Dr. Reckzeh gehörte nämlich zu den Kreaturen, die eine widernatürliche Lust daran haben, andere Menschen den Folterknechten und dem Henker auszuliefern. Er war das, was man einen Lockspitzel nennt. Wenn die damaligen Machthaber jemandem auf dem Rechtsweg nicht beikommen konnten, setzten sie diesen Mann ein. So auch im Fall Suhrkamp. In dem Augenblick, in dem er das Verlagshaus betrat, war Suhrkamps Schicksal entschieden, er mochte sich verhalten, wie er wollte. Wäre er auf Reckzehs Vorschlag eingegangen, dann hätte das selbstverständlich seinen Tod bedeutet. Wies er ihn aber ab, ohne ihn sofort bei der Gestapo anzuzeigen, dann machte er sich ebenfalls eines schweren Verbrechens schuldig. Eine Anzeige wäre für Suhrkamp aber selbst dann nicht in Frage gekommen, wenn er diesen Reckzeh ernst genommen hätte. So wurde er bald darauf vom Sicherheitsdienst verhaftet und nach Ravensbrück, einer Nebenstelle des berüchtigten Gestapo-Gefängnisses in der Prinz-Albrecht-Straße, gebracht. Er ahnte noch nichts von dem abgekarteten Spiel, bei dem es nicht in erster Hinsicht um seine Person, sondern um den Verlag ging. Einen Monat später strengte die Staatsanwaltschaft ein Verfahren wegen Hoch- und Landesverrats gegen ihn beim Volksgerichtshof an. Gleichzeitig ernannte das Propagandaministerium eine seiner Marionetten zum kommissarischen Leiter des Verlages. Die perfide Maschinerie begann zu funktionieren. Zunächst erfuhr keiner der Autoren etwas von Suhrkamps Verhaftung, auch ich nicht. Es hieß, Suhrkamp sei in einem Sanatorium. In engster Zusammenarbeit mit Ahlmann entfaltete seine tatkräftige Frau Annemarie, von ihm und den Freunden Mirl genannt, eine Schwester Ina Seidels, eine rastlose und verwegene Tätigkeit, die immerhin gewisse Hafterleichterungen für Suhrkamp erwirkten. Sie durfte ihm zum Beispiel Weißbrot für seinen kranken Magen schicken, wofür die Freunde die nötigen Brotmarken zur Verfügung stellten. Den gemeinsamen Bemühungen Ahlmanns, Mirl Suhrkamps und des erfahrenen und gewitzten Verteidigers gelang es wahrhaftig, den Staatsanwalt zu bestimmen, das Verfahren wegen unzulänglichen Beweismaterials einzustellen. Aber der Reichsjustizminister Thierack, der auf Befehl Himmlers die Akte Suhrkamp eingesehen hatte, ordnete eine Überprüfung des Falles an, weil die Unterlagen seiner Ansicht nach sehr wohl eine Anklageerhebung rechtfertigten. Der Staatsanwalt hatte jedoch den Mut, es bei seiner ersten Entscheidung zu belassen. Wie üblich wurde Suhrkamp jedoch nicht in Freiheit gesetzt, sondern in das Gestapo-Gefängnis in der Lehrter Straße »überstellt« und von dort in das Konzentrationslager Sachsenhausen. Der Einspruch, den Hans Carossa bei Kaltenbrunner erhob, war vergeblich. In Sachsenhausen erfuhr Suhrkamp durch eine Anzeige in der »Deutschen Allgemeinen Zeitung«, die man ihm amtlich in seine Zelle »schmuggelte«, den Tod seines Freundes Ahlmann. Die Gestapo hatte herausgefunden, daß er über den Grafen Stauffenberg mit den Männern des 20. Juli in Berührung gekommen war. Da der blinde Mann wußte, was das für ihn bedeutete, ordnete er in völliger Ruhe und Heiterkeit des Geistes seine Angelegenheiten und setzte dann, unmittelbar vor seiner Verhaftung, ehe der Henker es tun konnte, seinem Leben ein Ende.

Diesen Hergang der Dinge hatte ich nach und nach teils von Frau Mirl, teils von Hermann Kasack, dem getreuen Mitarbeiter Suhrkamps, wenn auch nur in Andeutungen, erfahren. Inzwischen war der große Zusammenbruch erfolgt, es gab keine Verbindungen mehr, niemand wußte etwas vom andern. Und da stand Suhrkamp mit einem Male vor mir und sagte: »Ja, Hausmann, so ist das.«

Ich hatte mich noch immer nicht gefangen.

»Wie ist das denn möglich? Wie kommen Sie denn hierher?«

»In einer Trommel«, sagte er.

Meine Frau begriff besser als ich, was dem Gast vor allem not tat. Sie faßte ihn unter den Arm und führte ihn an unsern Tisch. »Was dürfen Sie essen? Was

dürfen Sie trinken?« Sie wußte noch, daß er Schwierigkeiten mit dem Magen gehabt hatte. »Oder wollen Sie sich erst etwas hinlegen?«
»Wenn Sie ein bißchen Milch im Hause hätten und Weißbrot, das wäre gut.« Er ließ sich vorsichtig auf dem Stuhl nieder und sah meine Frau ebenso an wie mich vorhin: »Ja, Frau Irmgard . . .«
Milch hatten wir, Weißbrot nicht. »Ich mache Ihnen einen sanften Haferbrei«, schlug meine Frau vor.
»Ja, gern. Vielen Dank.«
Während des Essens erzählte er mit mühsamer, hin und wieder aussetzender Stimme, daß die englische Militärregierung in Berlin ihm als erstem Deutschen eine Verlagslizenz erteilt und ihm einen alten Volkswagen mit einem Fahrer zur Verfügung gestellt habe. Es war bezeichnend für den Zustand seiner Nerven, daß ihn das Fahrgeräusch fast zur Verzweiflung gebracht hatte. »Ich fühlte mich so, als säße ich in einer Trommel, auf der ein unaufhörlicher Wirbel geschlagen wurde.« Obwohl wir viele Fragen auf dem Herzen hatten, hielten wir es für richtiger, ihn seine eigenen Gedankenwege gehen zu lassen. Mit ein paar Sätzen kam er auf seine Entlassung aus dem Konzentrationslager zu sprechen, die völlig unerwartet im Februar dieses Jahres erfolgt sei. Er habe den Grund noch nicht feststellen können. Wegen seiner gänzlichen Erschöpfung

habe er einige Wochen im Krankenhaus liegen
müssen. Er sei aber schon wieder imstande, sich
um seine Autoren zu kümmern. Damit wandte er
sich den Verlagsfragen zu, derentwegen er hierher-
gefahren war. Sein Kopf steckte voller Pläne.
An zwei Stellen des Gesprächs verlor seine Stimme
ihre gleichmäßige Gelassenheit und bekam etwas
Hartes und Verschlossenes. Das erste Mal, als ich
ihn fragte, ob er einen Konzentrationslager-Aus-
weis besäße. Ich hatte gehört, daß ein solcher Ausweis viele sonst verschlossene Türen zu öffnen und
den Ton, in dem die Besatzungsbehörden mit Deutschen verkehrten, in beträchtlichem Ausmaß zu
verändern vermochte. Suhrkamp sagte: »Sie haben
mir den Ausweis gegeben, ich werde ihn aber nie
vorzeigen. Man macht mit dem, was man im Lager
erlebt hat, keine Geschäfte.« Und das zweite Mal,
als ich nach einiger Zeit glaubte, mich nach den Wi-
derfahrnissen hinter dem Stacheldraht erkundigen
zu dürfen. Da wurde seine Stimme womöglich
noch abweisender: »Ein Mann spricht über so etwas nicht.« Es überlief mich. Ich hatte Schlimmes
erwartet, aber so Schlimmes nicht. Er hat denn
auch bis zu seinem Tode nicht darüber gesprochen,
wie er auch von seinem Ausweis keinen Gebrauch
gemacht hat, obwohl er sich dadurch manchen Är-
ger und manche Schwierigkeit hätte ersparen können.

Die beiden Sätze bezeugen nicht nur Suhrkamps herbe Männlichkeit, sondern auch und mehr noch seine durch nichts zu erschütternde Vornehmheit. Ich bin ihr immer wieder begegnet, im unmittelbaren Gespräch und in seinen ausführlichen Briefen. Den andern Autoren wird es ebenso ergangen sein. Es gibt keinen, es kann keinen Brief von seiner Hand geben, den dieser Adel des Geistes nicht geprägt hat. Selbst dann, nein gerade dann, wenn er einen Menschen ablehnen oder ihm als Gegner entgegentreten mußte, war er stets darauf bedacht, die guten Seiten seines Gegenübers herauszufinden und sich ihnen zuzuwenden. Das versteht man doch unter Vornehmheit. So hat er es auch im Dritten Reich gehalten. Zur Vornehmheit gehört die Treue zu sich selbst. Sie ist, obwohl wehrlos, nicht vom Verhalten der andern abhängig. Suhrkamp war ein sehr treuer Mensch.
Er hat das Ende der nationalsozialistischen Barbarei nicht lange überlebt. Die letzte Spanne seines Lebens war von der Erkenntnis beschattet, tief beschattet, daß es sich bei diesem Ende nur um ein Ende in Anführungszeichen gehandelt habe. Nur die Äußerlichkeiten hätten sich geändert, meinte er, nicht aber die Sache selbst. Sie sei unausrottbar.

Horst Lemke

Wir sind uns nicht von Angesicht zu Angesicht begegnet, Horst Lemke und ich, sondern nur in Briefen und in unseren Arbeiten. Hinter das »nur« muß
allerdings ein Fragezeichen gesetzt werden. Denn
es steht noch dahin, ob sich zum Lobe einer Begegnung im schwerelosen Bereich des Wortes und Bildes, im geistigen Bereich also, nicht ebensoviel vorbringen läßt wie zum Lobe einer Begegnung in der
Wirklichkeit, wenn nicht noch mehr. Dem sei, wie
ihm wolle: wir sind uns begegnet. Sogar in einem
solchen Maße, daß wir, er als Maler, ich als Versemacher, zwei Bücher im gemeinsamem Bemühen
zustande gebracht haben, zwei Kinderbücher: »Die
Bremer Stadtmusikanten« und »Wenn dieses alles
Faulheit ist . . .«. Mit der Bezeichnung Maler will
ich andeuten, daß ich in Horst Lemke nicht so sehr
den Illustrator sehe als vielmehr den Maler. Ein Illustrator hat sich dem Text unterzuordnen. Lemke
bewahrt sich dagegen seine gestalterische Freiheit.
Auch in der Zusammenarbeit mit dem Schriftsteller bleibt er der Maler. Er ordnet sich dem Text
nicht unter, sondern er begleitet ihn. Und nicht selten übernehmen seine Bilder sogar die Führung.
Dann sieht es so aus, als seien die Bilder das Ur-
sprüngliche und die Worte dienten lediglich zu ihrer Erläuterung.
Ich bin zuerst auf den Kinderbuchmaler Horst Lemke gestoßen. Daraus wurde eine Zuneigung auf den

ersten Blick. Seine Vorliebe für Kinderbücher, die ihren Grund natürlich in seiner Liebe zu Kindern hat, ist bezeichnend für ihn. Einem Künstler, der es nicht auch Kindern recht machen, der die Welt der Kinder nicht darstellen kann, fehlt etwas Wichtiges. Das nämlich, was man Herz nennt. Und Lemke hat ein Herz. Ohne Herz gibt es keine Größe, in der Kunst nicht und anderswo auch nicht. Wie bezaubernd, aber auch wie erschütternd haben, um nur ein paar der Großen zu nennen, Dickens, Rembrandt, Dostojewsky, Philipp Otto Runge, Hamsun, Rubens die schwebende Heiterkeit und den tiefen Ernst der Welt geschildert, in der die Kinder ihr Wesen treiben!

Wie für die Kinder, so hat Lemke auch für die Tiere ein Herz. Fast auf jedem seiner Bilder kommen Tiere vor, nicht selten spielen sie sogar die Hauptrolle. Das Gemälde »Der Künstler im Kreise seiner Lieben«, dessen lächelnde Selbstverspottung schon in der Altmodischkeit des Titels angekündigt wird, weist vier Menschen und nicht weniger als sechs Tiere auf: Lemke mit seiner Frau und seinen zwei kleinen Töchtern, einen Hund, der überdies eine ironische Ähnlichkeit mit seinem Herrn aufweist, ein Kaninchen, zwei Vögel, eine Katze und eine Taube, diese auf der Schulter, jene auf dem Schoß des Meisters. Das ist Lemke. Und wenn man einmal meint, ein tierloses Bild vor sich zu haben, dann entdeckt man bei genauerem Zusehen meist, daß er doch noch irgendwo wenigstens eine winzige Maus oder dergleichen eingeschmuggelt hat. Ich muß gestehen, daß ich von seinen Tieren besonders angetan bin, von den irdischen und von den phantastischen, etwa von den musizierenden Tieren, die in Bremen Stadtmusikanten werden wollten, oder von den kleinen, rundlichen Damen und Herren, die als geflügelte Ware der Botanisiertrommel und dem Käfig eines Vogelhändlers entflattern, oder von dem Pferd, das sich auf seinen Hinterbeinen vom Klaviersessel erhebt und nach Virtuosenart »beschämt« für den Beifall dankt, oder von dem mädchenraubenden Kentaur oder von dem anderen Pferd, das sich mit seinem Fohlen auf dem Knie fotografieren läßt und fasziniert auf den durch eine Spirale hochgeschnellten Piepvogel starrt, oder von dem dritten, das genüßlich in sein eigenes Drehorgelspiel versunken ist. In den Bildern meiner Verserzählung »Wenn dieses alles Faulheit ist . . .« spielen, obgleich der Text sie nicht vorsieht, ein Hund und eine Katze eine ebenso anmutige wie lustige Rolle, da sich in ihrem Gehabe auf eine unaufdringliche, aber unübersehbare Weise die jeweiligen menschlichen Zustände spiegeln. Weder der Vater in dieser Geschichte noch der Sohn ist hinfort ohne sie zu denken. Sie gehören einfach dazu. Wahrscheinlich hat der Künstler, weil er gar nicht anders kann, auch jene Kinder vor Augen gehabt, die noch zu klein sind, um die Handlung zu verstehen. Sie sollten ebenfalls auf ihre Kosten kommen.

Es liegt auf der Hand, daß ein solches Künstlertum nichts »Progressives« an sich hat. Lemke hält denn auch nichts von Modeströmungen und Kunsttheorien, denn er gehört zu den heute selten gewordenen Künstlern, die keine, wie Goethe es nennt, Lazarettkunst betreiben, sondern Freude an ihrer Arbeit haben. Nicht, als ob er die Augen vor dem Grauenvollen verschlösse, das in der Welt umgeht. Er hat es zur Genüge kennengelernt. Sonst würde er seine Bilder nicht so lächeln lassen, wie sie es tun. Sein Lächeln hat die Traurigkeit des Wissenden, in ihm lebt die Melancholie der Shakespeareschen Narren, die lächeln oder gar lachen, obwohl sie die Fragwürdigkeit und Verlorenheit der Welt erkannt haben. Ein solches Lächeln ist ein Lächeln der Freiheit, denn es geschieht aus Liebe. Eben dadurch unterscheidet es sich ja vom Grinsen.

Wenn Horst Lemke nicht modern ist, dann ist er aber auch nicht unmodern. Mit solchen Einordnungen wird man ihm nicht gerecht. Wer das bloße Modernsein zu einer künstlerischen Qualität erhebt und mit Unmodernsein etwas Unkünstlerisches meint, bezeugt damit, daß er nicht weiß, wovon er spricht. Das Modernsein steht ja in einer Beziehung zur Zeit. Mit dem unaufhaltsamen Fortgang der

Zeit wird, was heute modern ist, morgen unaufhaltsam unmodern. Was soll man aber von einer Kunst halten, die morgen keine mehr ist? Die in den Magazinen der Galerien gestapelten Werke, die vor fünfzig Jahren als modern und groß gegolten haben und heute vergessen sind, geben eine unmißverständliche Antwort. Wohl hat sich die Kunst von ihren Anfängen an auf die verschiedenste Weise entfaltet. Aber in jedem Werk, das geblieben ist, steckte und steckt ein zeitloser, ein a-moderner Wert. Es gibt eine Kontinuität der Kunst, die sich in der Skulptur eines sumerischen Königs vor fünftausend Jahren ebenso offenbart wie im Bamberger Reiter, in Tutanchamuns Geschmeide ebenso wie im Turm des Freiburger Münsters, in einem Gedicht von Tu Fu ebenso wie in Rilkes Duineser Elegien, in einem minoischen Fresko ebenso wie in einem Liniengespinst von Paul Klee, und schließlich auch – warum denn nicht? – in den Bildern von Horst Lemke. Am Himmel der Kunst strahlen nicht nur die gewaltigen Zentralsonnen, sondern auch bescheidenere, auch diese Glitzersterne, die der Nacht ihren Zauber verleihen. So ein Glitzerstern, zu dem die Menschen, zumal die Kinder gern emporblicken, ist Horst Lemke.

Da gibt es ein Bild von ihm, das für alle sprechen kann. Es heißt: »Das Karussell«. Jeder weiß, was ein Karussell ist. Aber noch nie hat jemand so eins

erblickt wie dies: eine Phantasmagorie von Farben,
Gestalten und Formen, von Lichtern, Spiegelungen
und sichtbar gemachtem Musikgetös. Das Fremd-
artige und Lockende, das noch um das schäbigste
Jahrmarktskarussell schwebt, ist hier ins Über-
wirkliche gesteigert. Es reicht von einer skurrilen
Phantastik bis zu einer unheimlichen Dämonie.
Um einen mit Orgelpfeifen, Posaunen und Trom-
meln, mit pastellfarbenen Bildtafeln und an- und
ausgehenden Lampenketten ausgezierten Mittelteil kreisen unter wehenden Perlengardinen bunte
Fahrzeuge und Tiere mit den entsprechenden Menschen: ein Bett aus einem Märchenschloß mit En-
geln an den Pfosten und einer Laterne zu Häupten,
in dem eine wuschelhaarige Puppenfrau neben einem braven Bürger mit schwarzem Hut, runder
Brille und rotem Schlips liegt, dann ein schalmei-
blasender Kentaur, auf dem eine üppig behutete
Dame aus dem Paris der Jahrhundertwende reitet,
ferner ein überzierliches Rokokomännchen auf einem schwindelerregenden Hochrad mit sprühen-
den Speichen, daneben auf einem ebenso hohen
Rad ein geisterhafter Rappe mit weißen, schreck-
haft aufgerissenen Augen und bleicher Mähne, weiter hinten ein orangener Riesenfalter, der gerade
hinter dem Mittelteil verschwindet, während auf
der anderen Seite ein Huhn mit erhobenen Flügeln
auftaucht. Das dreht sich und gleitet und dröhnt

und orgelt und posaunt in einer von rätselhaften Aufhellungen durchflackerten Nacht, ist Wirklichkeit und Spuk, ist ein Karussell, und ist etwas ganz und gar anderes: ein verwischter, traumhafter Kosmos in chaotischer Welt. Und wenn man das Ganze auf den Kopf stellt, nimmt es sich ebenso wundersam aus wie vorher. Es bezaubert in seiner Gesamtheit und in seinen Einzelheiten und in den Einzelheiten der Einzelheiten, in seiner Verständlichkeit und in seiner Unverständlichkeit, es bezaubert allenthalben. Verblüffend die farbigen Wagnisse und überraschenden figürlichen Einfälle. Man kommt nie zum Ende damit. Ein solches Werk geht jung und alt, hoch und nieder, geht den Törichten wie den Klugen an. Ein jeder sieht in ihm etwas anderes, denn einem jeden mag es beim nachschaffenden Betrachten so ähnlich gehen, wie es dem Künstler erging, als er sich ans Werk machte. Ihn interessierte, wie er selbst sagt, zuerst nur das Formale, das Wie. Das Was ergab sich erst später. Es war wohl schon im Unterbewußtsein vorhanden, entfaltete und vertiefte sich aber erst während der Arbeit, bis es schließlich zum wichtigsten Bestandteil des Bildes wurde. Ein gewisser Jean Paul hätte seine Freude an dieser Art gehabt. Auch er vertraute ja, wie Lemke, auf die schöpferische Kraft der Phantasie, die sich erst während des Arbeitens zu regen beginnt. Bei so bestellter Sache kann es niemanden wundernehmen, daß ich jedesmal, wenn mein Manuskript nach Brioni bei Locarno abgegangen war, wo Lemke seit 1957 in einem vierhundert Jahre alten Bauernhaus lebt und arbeitet, mit unbeschreiblicher Spannung auf das Eintreffen seiner Entwürfe gewartet habe. Was für Gebilde würde er meinen Versen zugesellen? Wenn das Paket dann eintraf, habe ich beim Entfernen des Packpapiers und der Papphüllen buchstäblich den Atem angehalten. Aus brennender Neugierde, aber auch deshalb, weil ich mir bewußt war, daß ich gleich einem Wunder begegnen würde.

Das Werden eines Kunstwerks, auch eines unscheinbaren, ist für mich immer wieder ein Wunder, vor dem ich staunend dastehe. Noch vor kurzer Zeit war dies Ineinander von Linien und Farben noch nicht vorhanden, war nur eine weiße Fläche da. Und nun ist aus dem Nichts ein geordnetes, von einem seltsamen Weben erfülltes, aus sich selbst lebendes, mit Schweigen behängtes Etwas geworden, dessen Geheimnis niemand zu begreifen vermag. Ein Geschehen hat stattgefunden, auf dem, auch wenn es nur um das Ziehen von ein paar Strichen oder um das Hinsetzen von ein paar Farbtupfen gegangen ist, ein ferner Abglanz des göttlichen Schöpfungslichtes gelegen hat und liegt. Da ist unter allen Umständen eins geboten: Ehrfurcht. Was mir schließlich, wenn die Hülle entfernt war, entgegenleuchtete, sah immer anders aus, sehr viel anders sogar, als ich es erwartet hatte, war aber schöner und richtiger, war beglückender als alle meine Gedanken. Es war ein Kontext, der sich mit dem Text zu einer neuen, zauberisch erblühten Wirklichkeit vereinigte. Was kann ein Versemacher sich Besseres wünschen?

Prinz Louis Ferdinand von Preußen und Prinzessin Kira

Zuerst das Vorspiel. Beim Frühstück erkundigte ich mich bei meiner Frau, wie es denn um ihre Fertigkeit im Vollführen eines Hofknickses stünde.
Sie lehnte sich auf ihrem Stuhl zurück: »Worin?«
»Oder auf welche Weise gedenkst du heute nachmittag die kaiserlichen Hoheiten zu begrüßen?«
»Ach so«, sagte sie und nahm einen Schluck Kaffee.
»Da gedenke ich es ebenso zu halten, wie ich es auch sonst mit meinen Gästen zu halten pflege. Hast du schon bemerkt, daß mir dabei ein Hofknicks unterlaufen ist?«
»Nicht daß ich wüßte!«
Sie sei nämlich, fuhr sie mit erhobener Stimme fort, eine freigeborene Baskin, und infolgedessen . . .
Etwas Niedersächsisches, erlaubte ich mir einzuwerfen, habe dabei aber auch eine gewisse Rolle gespielt, väterlicherseits.
Soweit sie wisse, seien die niedersächsischen Frauen ebensowenig auf Hofknickse erpicht wie die baskischen.
»Was meine Mutter betrifft, die aus einer niedersächsischen Wassermühle stammt, so hat sie sogar einmal vor der Kaiserin Auguste Viktoria einen Hofknicks vollbracht. Und das war einer der Höhepunkte ihres Lebens.«
»Daher also deine seltsame Schwäche für das Knicksen.«

»Nicht nur daher. Ich halte einen Hofknicks für die anmutigste Art, der Last und der Entsagung zu huldigen, die mit dem königlichen oder kaiserlichen Amt verbunden ist oder doch war. Eine Huldigung, aber eine lächelnde. Denn jede Frau weiß, daß sie am gewissesten triumphiert, wenn sie sich ergibt. Daher das Lächeln. So kann ein Hofknicks, wenn du willst, sogar ein Zeichen von innerer Freiheit sein.«

»Und deine Mutter, hat sie auch so freiheitlich gelächelt?«

»Dazu war sie viel zu schlichten Gemütes. Habe ich dir denn die Geschichte noch nicht erzählt?«

»Ich glaube nicht.«

»Vielleicht kannst du aus ihr etwas für den heutigen Nachmittag lernen.«

»Ich bin ganz Ohr.«

»Meine Mutter war als Müllerstochter nicht nur eine entschlossene, sondern auch eine kluge Frau. Das kannst du schon bei Wilhelm Busch nachlesen. Ich meine, was die Müllerstöchter betrifft. Oder sagen wir lieber eine schlaue Frau. Und da hatte sie nun diesen Wunsch, daß sie einmal der Kaiserin ganz allein gegenüberstünde – ich bitte, das ›allein‹ zu beachten – und in einem Hofknicks versänke.«

»Und warum?«

»Aus Verehrung.«

»Ich meine, warum ganz allein?«

»Wünsche kennen kein Warum. Sie hatte ihn nun
einmal. Und seine Unerfüllbarkeit verlieh ihm erst
seine volle Schönheit.«
»Und nun kommt die Klugheit.«
»Vielmehr die Schlauheit. Wir wohnten damals
noch in Kassel. Und dort gab es ein Hoftheater. Und
wenn das Kaiserpaar im Sommer auf Schloß Wil-
helmshöhe residierte, besuchte es hin und wieder
eine Vorstellung. Für die Kasseler Theaterbesucher
war das jedesmal ein großes Ereignis. Auch für meine Mutter. Und nun kommt die Entschlossenheit.
An dem betreffenden Abend wurde die ›Götterdäm-
merung‹ gegeben. Die Kaiserin, hieß es, werde ohne
ihren Gemahl erscheinen. Das war die Stunde meiner Mutter. Sie kämmte sich die verführerischsten
Löckchen in die Stirn, zog ihr festlichstes Abend-
kleid an und begab sich ins Theater. Mit Befriedi-
gung stellte sie fest, daß die Kaiserin in der Hofloge
Platz nahm. Ich glaube nicht, daß meine Mutter,
viel von der künstlerischen Darbietung gehabt hat.
In ihrem Kopf gab es nur das Eine, das Wunderbare.
Als die Pause vor dem letzten Akt zu Ende ging,
kehrte sie nicht in den Zuschauerraum zurück,
sondern verbarg sich hinter einer Säule am Fuß der
großen Prunktreppe. Da die Besucher gehalten waren, am Schluß der Vorstellung so lange auf ihren
Plätzen zu bleiben, bis die Kaiserin das Haus verlas-
sen hatte, befand sich außer meiner Mutter nie-

mand in dem pompösen Foyer. Klopfenden Herzens harrte sie dem Augenblick entgegen, dessentwegen sie gekommen war. Noch immer hörte sie die Musik und die Stimmen von ferne. Aber dann geschah es. Die Kaiserin schritt, gefolgt von einer Hofdame, die Treppe hinab. Zum richtigen Zeitpunkt trat meine Mutter hinter der Säule hervor, setzte den rechten Fuß zurück und sank, den linken, nunmehr gestreckten langsam nachziehend, in die Tiefe, wo sie, mit leuchtenden Augen emporsehend, verweilte, bis die Kaiserin, deren Gesicht sich zuerst bewölkt hatte, beim Anblick der Augen zu lächeln begann, die Hand ein wenig zum Gruß erhob und weiterging.«

»Und da?«

»Weiter nichts.«

»Ein bißchen wenig.«

»Du kannst dir aber wohl denken, wie vergnügt meine Mutter nach Hause kam. Vielmehr: du kannst es nicht.«

»Für mich ein Märchen aus uralten Zeiten.«

»Es wird also keinen Hofknicks geben?«

»Keinen Hofknicks, aber eine himmlische Tasse Tee.«

Soweit war alles klar.

Gegen sechzehn Uhr bog die schwarze Limousine von der Bundesstraße 74 in unser Grundstück ein, vorbei am Gärtner, der als altgedienter Soldat mit

hochrotem Kopf stramm stand, Harke bei Fuß, glitt
ums Rondell und hielt vor der Haustür. Ihr entstie-
gen Prinz Louis Ferdinand von Preußen, der Enkel
Kaiser Wilhelms des Zweiten, und Prinzessin Kira,
die Nichte des letzten russischen Zaren. Wir hatten
uns kurz zuvor bei der Uraufführung meines Spiels
»Der Fischbecker Wandteppich« im Stift Fischbeck
an der Weser kennengelernt, wenn auch nur flüch-
tig. Wie damals, so verblüffte mich auch heute die
Profilähnlichkeit des Prinzen mit seinem Urahn
Friedrich dem Großen, mit dem ihn überdies die
Freude am Musizieren und Komponieren verband.
Darüber hinaus war wenig Gemeinsames festzu-
stellen.
Er hatte nichts von der frederizianischen Strenge
und Härte, nichts von der Angriffslust, nichts von
der spöttischen Kälte. Eher glich er einem großen,
etwas ungelenken und deshalb sympathischen Jungen, der lieber Künstler als Prinz sein wollte und
doch in der Art, sich zu geben, seine Herkunft, obwohl er sich darum bemühte, nicht verbergen
konnte. Wieder einmal hatte meine Frau, wenn
auch mit fragwürdiger Begründung, im Ergebnis
das Richtige getroffen, denn ein Hofknicks war
wohl das Letzte, was dieser Mann von ihr erwartete.
Anders Prinzessin Kira: durchaus eine Frau, aber
eine, im besten Sinne des Wortes, herrscherliche

Frau. Ich konnte sie mir gut an der Seite eines Groß-
fürsten oder gar eines Zaren vorstellen. Nicht als ob
sie sich stolz gebärdet hätte, sie war sogar von ge-
winnender Liebenswürdigkeit, aber von der Liebenswürdigkeit der Mächtigen. Diese Frau brauchte, um Eindruck zu machen, keinen Thron und keinen Glanz. Sie war auch in der Machtlosigkeit
mächtig. Es ist nicht von ungefähr, daß die Folge
der festen, fast eckigen Buchstaben in dem Na-
menszug »Kira«, wie er sich in unserem Gästebuch
findet, nach rechtshin entschieden ansteigt, was
durch eine ebenso entschiedene Unterstreichung
noch bekräftigt wird.
Der Prinz brachte als Gastgeschenk zwei in Leinen
gebundene Notenblätter mit, auf die er seine Verto-
nung meines Gedichtes »Oktoberlich« niederge-
schrieben hatte. Offensichtlich machte es ihm
Freude, als ich ihm sagte, das Gedicht gehöre zu den
wenigen, die mir heute noch lieb seien. Nach dem
Tee rückte er den Hocker vor dem Flügel zurecht,
lächelte, als er die in Messing eingelegte Inschrift
auf der Innenseite des Deckels gelesen hatte, mit
der sich der Berliner Erbauer als »Hof-Lieferant Seiner Majestät des Kaisers und Königs« bezeichnete,
zu mir hinüber und begann, seine in Es-Dur gesetz-
te Komposition zu spielen. Meine Frau summte,
neben ihm stehend, die Weise, die der seligen Verlorenheit eines fallenden Pappelblattes nachging,

anfangs nur leise mit und nahm sie erst bei der Wiederholung in verhaltener Tongebung auf. Beim dritten Male war es dann so weit, daß die vier durchkomponierten Strophen so erklangen, wie man es sich wünschen mochte. Die natürliche, etwas bedeckte Stimme erwies sich gerade als das Richtige für dies Andantino. Da das Ganze nicht mehr sein wollte, als es war, wurde es zu einem richtigen kleinen Kunstwerk, das ebenso durch seine Aufrichtigkeit wie durch seine innige Ausdrucksweise gefangennahm. So brauchte ich, als die beiden zum Teetisch zurückkehrten, meine Worte nicht vorsichtig zu wählen. Wir konnten uns in aller Unbefangenheit über das Werkchen unterhalten. Prinzessin Kira blickte von einem zum andern und schwieg. Während des Gesprächs mußte ich im Hintergrund meines Kopfes immer wieder darüber nachdenken, wie merkwürdig es doch sei, daß der Prinz gerade diese Verse aus meinem Gedichtband gewählt hatte, in denen Wörter wie »Schweigen«, »Versinken«, »Bangigkeit«, »Hingabe«, »Begreifen«, »Tod« und »Vergessen« den Ton angeben. Er hatte sie nicht nur gewählt, er hatte sie sich auch ganz zu eigen gemacht. Die untergangssüchtige Gestimmtheit des Gedichtes mußte ihn wie eine heimliche Frage angerührt haben, die er auf seine Weise beantwortet hatte. Aus dem Hin und Her, aus Wort und Melodie, aus Frage und Antwort war eine Einheit geworden, die der Atemlosigkeit eines Herbsttages in Grau und Gold und der Süße des Vergehens einen eigenartig scheuen Ausdruck verlieh. Mir kam durch den Sinn, daß die alten, machtvollen Geschlechter ja irgendwann müde zu werden beginnen und daß mit dem Nachlassen der äußeren Kraft etwas an den Tag tritt, etwas Innerliches, das bislang verborgen geblieben war oder sich nur andeutungsweise hatte zeigen dürfen: ein verhangenes, vom Geheimnis des Todes durchwehtes Künstlertum. Der in der Fülle und Überfülle des Daseins Handelnde, der königliche Herrscher, weiß nichts von der Fragwürdigkeit und Verletzlichkeit des Lebens, sonst würde, sonst könnte er keine Schlachten schlagen und keine Reiche gründen. Erst in der Erschöpfung entsteht das Verlangen nach geistigen Gestaltungen und Ordnungen. Dementsprechend verhielt es sich ja auch mit den alten bürgerlichen und bäuerlichen Geschlechtern. Hatte die Liebe des Prinzen zur Musik ebendarin ihren Grund? War Kunst, diese Art von Kunst ein Zeichen ermattenden Blutes, der empfindlicheren Nerven, des erwachenden Traumes? War er ein Gezeichneter, er auch? War er deshalb auf das Gedicht »Oktoberlich« verfallen? Obwohl sich das Gespräch inzwischen andern Dingen zugewandt hatte, kehrten meine Gedanken wieder und wieder zu dieser Frage zurück. Das Wort »Weh dir, daß du ein Enkel bist!«

hatte sicher seine Berechtigung, aber das andere
»Gepriesen sei der Herbst!« nicht weniger. Es kam
wie so oft in der Welt auf den Standpunkt an, von
dem aus man eine Bewandtnis ins Auge faßte.
Wachsein und handeln – träumen und schauen,
was war der Sinn des Menschseins? Das eine schloß
das andere aus. Beides zugleich zu vollbringen war
keinem Sterblichen vergönnt. Es schien so, als habe
der Mensch nicht einmal die Freiheit der Wahl. Er
wurde mit dem einen oder dem andern begnadet.
Man konnte auch sagen: er wurde zu dem einen
oder andern verdammt.
Mit einem kleinen Ruck befreite ich mich aus dem
Gespinst meiner Grübeleien und achtete wieder
auf das Gespräch, das sich jetzt mit Rußland befaß-
te. Die Führung lag bei Prinzessin Kira. Und da
stellte sich heraus, daß auch sie eine Träumerin
war, nur daß sich ihre Träume mehr oder weniger
auf politische Ziele zu richten schienen. Wir
schrieben das Jahr 1955. Nirgends ließ sich auch
nur das geringste Anzeichen für eine Gefährdung
der kommunistischen Macht in der Sowjetunion
entdecken. Aber Prinzessin Kira sagte, sie seien von
zuverlässigen Gewährsleuten dahingehend unter-
richtet worden, daß der Umsturz nicht mehr lange
werde auf sich warten lassen, wenn er nicht überhaupt unmittelbar bevorstehe. Ich meldete meine
Zweifel an und wies darauf hin, daß man Nachrich-

ten aus Emigrantenkreisen, in denen ihre Gewährs-
leute wohl zu suchen seien, gar nicht vorsichtig genug aufnehmen könne. Aber sie blieb bei ihrer Meinung. Und der Prinz stimmte ihr zu, wenngleich
mit einigen Abstrichen. Was ich auch einwandte –
und ich konnte ja mit ziemlich handfesten Argu-
menten aufwarten –, es hatte keine Wirkung. Die
Hoffnung ist eine große, aber auch eine zwiespälti-
ge Macht. Sie verleiht den Menschen unerhörte
Kräfte beim Aushalten und Überdauern einer Not,
aber sie kann auch die Klarheit des Blickes, insbesondere des Blickes für politische Gegebenheiten,
erheblich beeinträchtigen. War die Prinzessin eine
Träumerin? So weit es um das Politische ging, ge-
wiß. Aber je mehr sie sich im Verlauf unseres Dis-
putes bemühte, mich eines Besseren zu belehren,
um so deutlicher glaubte ich zwischen und hinter
ihren Worten noch etwas anderes als einen politischen Traum zu gewahren, etwas ganz Reales, das
mich tief bewegte. Nicht der Umsturz war es eigentlich, worauf sich ihre Hoffnung richtete, sondern die Heimkehr, die allerdings den Umsturz zur
Voraussetzung hatte. Diese Frau mit dem be-
herrschten Gesicht, die so gelassen die Teetasse
zum Munde hob, wurde, so schien es mir, von demselben unstillbaren Verlangen nach Rußland gequält wie alle russischen Emigranten. Gleich ihnen
verzehrte sie sich nach dem Grenzenlosen, Leidvol-

len, Mütterlichen, Gesegneten, Trunkenen, Grausamen, das Rußland für sie bedeutete, nach den großen Wäldern und Strömen, nach den Glockentönen, die unter dem weiten Himmel verhallten, nach den Liedern, Tänzen, Gebeten und Tränen der Menschen. Unwillkürlich fragte ich mich, was in einer solchen Frau vorgehen mochte, wenn sie nachts schlaflos dalag und ihre Gefühle ins Unabsehbare schweifen ließ.

Ich wußte nicht, ob sie etwas von meinen Vermutungen ahnte. Einige Male, wenn unsere Augen sich begegneten, meinte ich in den ihren zu lesen, daß sie durch meine Stirn hindurch sah. Aber ich war meiner Sache nicht sicher. Es stand ja nicht einmal fest, ob ich mit meinen Vermutungen auf dem richtigen Wege war. Was weiß der Mensch vom Menschen?

Wir haben an jenem Nachmittag nicht nur über die Musik und über Rußland gesprochen, natürlich nicht. Die Unterhaltung verweilte, wie es beim Tee zu gehen pflegt, bald bei diesem, bald bei jenem Gegenstand. Wir haben auch herzlich miteinander gelacht. Die Prinzessin allen voran.

Als die Gäste sich verabschiedet hatten, stellte ich zu meiner Verwunderung fest, daß es schon nach neunzehn Uhr war. Ich hatte gedacht, es sei noch keine achtzehn.

»Ich fand es sehr menschlich«, sagte meine Frau.

Über einige Worte, die gefallen seien, müsse sie allerdings noch nachdenken.

»Ich auch«, sagte ich. »Besonders über die nicht gefallenen.«

»Wie meinst du das?«

Ich versuchte, es ihr zu erklären.

Aber sie wiegte den Kopf und sagte, es komme ihr so vor, als sei ich der Dritte im Bunde der Träumer.

»Mag sein. Aber was wären wir ohne die Träume?«

Noch einer

Wenn jemand von einem Rechtsanwalt einen Rat in einer strittigen Sache erbittet und ihn auch erhält, dann weiß er, daß er dafür ein Entgelt zu entrichten hat. Das ist üblich und in Ordnung. Denn jede Arbeit ist ihres Lohnes wert.

Legt aber jemand einem Autor, der es zu leidlichem Ansehen gebracht hat, ein 367 Seiten starkes Romanmanuskript zur Beurteilung vor, dann erwartet er, daß der Betroffene die Arbeit unentgeltlich leistet und ihm das Konvolut wohlverpackt und eingeschrieben zurückschickt. Das ist gleichfalls üblich. Ob es aber auch in Ordnung ist, zumal wenn die Sendungen sich häufen, steht, selbst bei weitherziger Auslegung des Kameradschaftsbegriffes, dahin. Wenigstens das Rückporto sollte als ein Zeichen der Einsicht beigefügt werden.

Aber damit hat es noch nicht sein Bewenden. Hieß es in dem Brief, der das Manuskript begleitete, noch, der Unterzeichnete sei ein aufrichtiger Verehrer des Meisters und seiner Werke, sein Spruch werde, wie er auch ausfalle, von maßgeblicher Bedeutung für ihn sein, er bitte um eine offene und rückhaltlose Kritik, so folgt in der Regel, wenn der Spruch des Meisters nicht ganz so himmelhoch jauchzend ausfällt, wie der Romanschreiber, gestützt auf die bewundernden Stimmen seines Verwandten- und Freundeskreises, glaubte erwarten zu dürfen, an Stelle eines Dankes eine Verlautbarung, die besagt, es sei ja schon lange zu befürchten gewesen, daß es mit der Urteilsfähigkeit des Befragten nicht mehr zum besten stehe, was man ja auch der unqualifizierbaren Qualität seines letzten Werkes habe entnehmen können, und so fort.

Es kann aber auch anders kommen. Eines Tages erhielt ich zum Beispiel von einem Göttinger Studenten der Rechtswissenschaft einen Briefordner mit Gedichten. Die Zusammenstellung von Briefordner und Gedichten besagte eigentlich schon genug. Aber man muß ja bei der Beurteilung von literarischen Erzeugnissen vorsichtig und sorgfältig zu Werke gehen. Ich machte also am Anfang, in der Mitte und am Ende der eingeordneten Gedichte Stichproben. Es zeigte sich, daß die Verse von einer rührenden Ehrlichkeit waren. Doch Ehrlichkeit macht noch keinen Dichter. Und Hilflosigkeit auch nicht. Bereits nach ein paar Seiten stand für mich fest, dies sei nichts, werde nichts und könne auch nichts werden. Die Zeilen, die ich dem Poeten dann schrieb, redeten zwar nicht um die Sache herum, versuchten aber, da ich aus Erfahrung wußte, daß gerade solche hoffnungslosen Gebilde ihrem Urheber besonders teuer sind und daß eine Ablehnung deshalb auch besonders weh tut, die Wahrheit so behutsam wie möglich zu sagen. Als ich das Ganze auf die Post gegeben hatte, wartete ich mit einer gewissen Spannung darauf, was nun erfolgen werde. Wahrscheinlich, dachte ich, hast du wieder einen Feind mehr auf der Welt, du Dummkopf. Ein Nein ist auf jeden Fall ein widriger Bissen, ob verzuckert oder nicht.

Aber der Briefordner-Mann rührte sich nicht. Statt dessen erhoben sich, wie immer, so auch jetzt, allerlei Bedenken in mir. Ich bin ein Mensch, der bis zur Lächerlichkeit Zweifel an der Richtigkeit seiner Ansichten hegt. Hatte ich es auch nicht verkehrt gemacht? Nicht selten verbarg sich ja hinter der Unbeholfenheit eines ersten Versuches eine eigentümliche Begabung. Man mußte nur imstande sein, sie zu gewahren. Es wäre schlimm, wenn ich aus mangelnder Sorgfalt oder fehlendem Fingerspitzengefühl einen werdenden Dichter, womöglich noch einen großen, übersehen hätte. Gerade die ganz Großen waren ja fast immer von ihren Zeitgenossen nicht erkannt worden. Es sah fast so aus, als gehöre zur Größe das Verkanntwerden. Ich tröstete mich schließlich mit dem Gedanken, daß ich im Entdecken von Begabungen nicht ganz unerfahren sei. Schon ein paarmal hatte ich das freudige Erschrecken erlebt, das einen überkommt, wenn man beim Überfliegen der ersten Sätze einer Erzählung merkt, daß hier einer spricht, der etwas Bedeutsames zu sagen hat. So, als ich anfing, Ernst Schnabels Roman »Die Reise nach Savannah« im Manuskript zu lesen. Ich zweifelte keinen Augen-

blick daran, daß ich einen Fund gemacht hatte.
Ebenso erging es mir, um noch einen zweiten Namen zu nennen, bei Hansjürgen Weidlichs Erst-
lingswerk »Felix kontra USA«, zu dessen Buchaus-
gabe ich dann das Vorwort geschrieben habe. Damals hätte ich mir allerdings nicht träumen lassen,
daß dieser mein Schützling, dieser vagabundieren-
de junge Mann, der, wenn auch nicht durch alle, so
doch durch manche Tiefen des Daseins gegangen
war, daß gerade er mir einmal als Vorbild hinge-
stellt werden würde, nämlich von meiner ebenso
bürgerlichen wie ahnungslosen Mutter: »An dem
solltest du dir ein Beispiel nehmen«, sagte sie, »der
ist sogar in der Krankenkasse.«
Über der Tür einer Münchener Klinik habe ich in
meiner Jugend den Spruch gelesen: »Zeit eilt, teilt,
heilt.« Sie heilte auch mein zweiflerisches Gemüt.
Es dauerte nicht lange, da hatte ich den Briefordner
und seinen Inhalt vergessen. Um so merkwürdiger
war mir zumute, als etwa nach einem Vierteljahr
eine Kiste bei mir eintraf, die den Eindruck machte,
als handele es sich um eine Weinkiste. Den Namen
des Absenders kannte ich bereits. Es war der des
Briefordner-Mannes. Mit nicht geringer Beschä-
mung machte ich mich mit Hammer und Zange
ans Öffnen der Kiste, die der andere gleichsam als
glühende Kohle auf mein Haupt gelegt hatte. Als
ich den Deckel hob, bot sich meinen Blicken eine

vielversprechende Reihe in Stroh gehüllter Wein-
flaschen dar. Ich griff zunächst einmal nach dem
Blatt, das fast die Hälfte der Flaschen bedeckte, um
zu erfahren, was der Briefordner-Mann mit der Kiste wohl hatte zum Ausdruck bringen wollen. Aber
dort standen nur drei, allerdings monumentale
Wörter: »DER DANKBARE VATER«.
So war ich zwar keinem großen Dichter begegnet,
wohl aber einem großen Erzeugnis rheinhessischer
Winzerkunst. Denn der Dank des Vaters war, wie
sich alsbald herausstellte, ungewöhnlich gehalt-
voll.

Manfred Hausmann
im Neukirchener Verlag

Einer muß wachen

Essays. 331 Seiten, Leinen 22,— DM

Kreise um eine Mitte

Essays. 3., erweiterte Auflage. 256 Seiten,
Leinen 20,— DM

Kleine Begegnungen mit großen Leuten

4. Auflage. 112 Seiten, kart. 9,80 DM

Gottes Ja

Predigten. 3. Auflage. 108 Seiten, kart. 9,— DM

Wort vom Wort

Predigten. 5. Auflage. 104 Seiten, kart. 9,— DM